丛书编委会

总　策　划：来新国　王文成

编委会主任：郭齐勇　周晓亮

编　　　委：来新国　陈知涯　张　彧　尹格韬　沈　众

王文成　孟淑贤　周长志　罗养毅　秦　丹

乌　琛

黄绾

刘聪 著

大家精要

Huang Wan

陕西师范大学出版总社

图书代号 SK16N1482

图书在版编目(CIP)数据

黄绾 / 刘聪著. —西安：陕西师范大学出版总社
有限公司，2017.1（2024.1重印）
（大家精要）
ISBN 978-7-5613-7154-1

Ⅰ.①黄… Ⅱ.①刘… Ⅲ.①黄绾（1477—1551）—
传记 Ⅳ.①B248.6

中国版本图书馆CIP数据核字（2016）第307712号

黄　绾　HUANG WAN

刘　聪　著

责任编辑	郑若萍　彭　燕	
责任校对	舒　敏	
封面设计	张潇伊	
出版发行	陕西师范大学出版总社	
	（西安市长安南路199号　邮编710062）	
网　　址	http://www.snupg.com	
印　　制	永清县晔盛亚胶印有限公司	
开　　本	650 mm×930 mm　1/16	
印　　张	10	
字　　数	100千	
版　　次	2017年1月第1版	
印　　次	2024年1月第2次印刷	
书　　号	ISBN 978-7-5613-7154-1	
定　　价	45.00元	

读者购书、书店添货或发现印刷装订问题，请与本公司销售部联系、调换。

电话：（029）85303879　　传真：（029）85307864　85303629

目　录

第1章

家世与成长

阳明学派与家世背景

　　黄绾（1480~1544），字宗贤，号久庵，又号石龙，浙江台州府黄岩县人。正德五年（1510）于南京结识王守仁，订终身共学之约。正德十六年，王守仁（号阳明）回余姚老家，黄绾前往拜谒，执贽称弟子。嘉靖七年（1528）王守仁去世后，时任詹事府詹事的黄绾多次上疏请求恢复王守仁恤典和爵位，又将次女黄姆许聘给王守仁幼子王正亿，并承担起抚养王正亿的重任。在思想上，黄绾继承发展了王守仁的思想，创造性提出了"艮止"说，是阳明学派的重要代表。因此，了解阳明学派的概况是全面把握黄绾生平学术的前提。

　　有学者指出，凡是能被命名为"学派"的，要具有如下特征：其一是有核心的代表人物，以及围绕着核心人物所形成的学术群体。其二是有相似的学术精神，其学术信仰和倾向也保持着基本的一致，在此基础上形成某种特殊的学术风气。其三是由学术精神衍生出相应的学术观点和方法，这种学术观点和方法给人们认识和理解世界提供了新的视野。依据上述特征，我们可以这样理解：阳明学派，是明代中晚期形成的，以王守仁为核心，与其众多弟子组成的学术群体。这一学术群体以"致良知"为核心观念，强调道德修养中的主体自觉性，反对外在的道德规范的束缚，从而丰富并发展了包括宋明理学在内的整个中国传统儒家道德学说，对后世学术思想产生了深远的影响。

作为阳明学派的创立者，王守仁于嘉靖七年五十七岁时就去世了。因此，在阳明学派的传播和发展过程中，王守仁的弟子起了至关重要的作用。王守仁的弟子众多，可以按照多种方式分类。

从师承传授上，王守仁的弟子可分为三种：

第一，亲传弟子。作为阳明心学的创始人，王守仁深知讲学授徒是学术思想传播发展的前提，一生以此为"天下首务"。据《王阳明年谱》记载，王守仁讲学授徒大致分为五个阶段：一是弘治十八年（1505）至正德二年（1507）间，他与湛若水在北京授徒讲学；二是正德三年至五年，谪居贵州龙场时授徒讲学；三是正德六年，在南京附近的滁州授徒讲学；四是正德十三年左右，在江西主持军务时授徒讲学；五是正德十六年至嘉靖六年（1527），在浙江绍兴授徒讲学。在上述过程中，王守仁培养出了数量庞大的弟子群体。其生前，弟子董澐就说仅王守仁晚年在绍兴讲学时，听讲者就多达两三千人。王守仁死于江西军旅途中，在其后绍兴的葬礼上，有数千人前来奔丧。因此有亲传弟子"至六千人"之说。

在王守仁众多亲传弟子中，有两位影响最为深远：钱德洪与王畿。钱德洪（1496~1587），本名宽，字德洪，因避先祖名讳，以字（德洪）为名，改字为洪甫，浙江余姚人。早在王守仁在江西讲学时，钱德洪为之倾倒。当时，余姚本地人尚不认可王守仁的学术，但钱德洪坚持学术追求，决意拜入门下。正德十六年八月，王守仁平定江西宁王朱宸濠叛乱后回浙江绍兴老家时，钱德洪不顾亲友的劝阻，带着几位友人，经王守仁的侄子王正心引荐，得以与王守仁相识并拜其为师。当时，共有七十四人拜入王守仁门下。嘉靖二年，钱德洪赴京参加会试。由于当时王守仁的影响越来越大，招来不少人的非议，会试考官为贬低和打击心学，就以心学作为会试的《策问》题目。参加会试的王守仁弟子徐珊看到试题后说："我怎么能昧着良心，以贬低我信奉的心学来换取功名呢？"愤而离开考场。参加会试的江西籍弟子欧阳德、王臣、魏良弼等人则在试卷中阐明心学的观点，直言试题之非。钱德洪也未被录取，深恶官场之阴险。然而王守仁对会试试题贬低心学一事却十分高兴，他说："这件事太好了，从此天下人知道我的心学了！"钱德洪问："考官们如此贬低心学，你如何会认为这是好事？"王守仁说："无论我们如何讲学宣传心学，也无法让天下学子知道，但通过这次会试，天下学子都会知道有一个心学。他们越说心学之非，越会激起学子们了解心学的好奇心，这岂不是成就了心学！"后来，钱德洪逐渐成为王守仁弟子中最为出色者，凡想拜王守仁为师者，都须先由钱德洪教导，直至学有初成，方能亲见王守仁，他因此有"教授师"之称。王畿（1498~1583），字汝中，别号龙溪，浙江山阴人。王守仁的众多亲传弟子无不是因认可心学而拜入王门，然而王畿是唯一的特例，他不是服膺于王学而拜入王门，而是王守仁见识到王畿的才华，认为唯有他才能弘扬心学而多方劝诱王畿拜自己为师。关于王守仁"引诱"王畿拜师的经过，颇具传奇色彩。据记载，王畿年少时聪明异常，但不喜欢读书，好侠客之行，常流连于酒肆赌场之中。他曾听闻阳明心学，不以为然，出言相讥。王守仁听闻后，知道王畿是一个天才，感叹道："如能收此人为弟子，必能光大我的学说！"对于王守仁的赞许，王畿最初并不为所动，依旧我行我素。为"引诱"王畿拜入门下，王守仁让弟子们终日浪迹于酒肆赌场。他派弟子魏良弼召王畿同来饮酒赌博。王畿看到后十分奇怪："你们这些王守仁的弟子不是终日只读圣贤书吗？怎么也会赌博喝酒？"魏良弼说："我老师门下的弟子们，日日都是如此。"王畿听后大惊求见，见到王守仁后即被折服，拜入门下。嘉靖六年九月，王守仁赴广西平叛的前一天，钱德洪与王畿讨论阳明学的宗旨。王畿认为阳明学的宗旨是："心体是无善无恶，意是无善无恶，知是无善无恶，物是无善无恶"，而钱德洪与王畿的观点截然相反，认为"心体是有善有恶，意是有善有恶，知是有善有恶，物是有善有恶"。二人争执不下，请教于王守仁。王守仁说："二位务必记住，我的学问宗旨既不是王畿所说，也不是钱德洪所说，而是'无善无恶是心之体，有善有恶是意之动，知善知恶是良知，为善去恶是格物'。"这就是著名的"天泉证道"。历史上将王畿的观点称之为"四无论"，钱德洪的观点称之为"四有论"，而王守仁所说称之为"四句教"。王守仁去世后，他的弟子们针对这三个不同的观点展开了深入的讨论，成为晚明学术思想史的重要内容。

第二，私淑弟子。所谓私淑弟子，是指并未亲自拜王守仁为师，甚至未曾聆听过其教诲，而是认同他的学术思想，自认为是王守仁的弟子者。聂豹（1487~1567），字文蔚，号双江，江西吉安永丰双溪里（今江西吉安县）人，正德十二年（1517）进士，嘉靖中期官至兵部尚书。嘉靖五年，聂豹至浙江拜见王守仁，王守仁教之以良知之学，聂豹于是立志于此，其后又以书信问学于王守仁，王守仁深叹聂豹求学的意志坚定，特地回复书信。这是聂豹唯一一次与王守仁的直接接触。嘉靖七年，聂豹与王守仁又有书信往来，但一直未有师徒之称。此后，聂豹日益痴迷阳明学说，于嘉靖九年，在钱德洪和王畿的见证下，拜王守仁为师，此时王守仁去世已近两年。汪尚宁，生卒年不详，字廷德，安徽歙县人。他未曾亲见王守仁，一开始也不信奉阳明学说。当他提督江西军务时，在赣南感受王守仁所作所为，乃顿悟阳明学说，遂拜谒王守仁祠，自称弟子，并致信钱德洪和王畿为证。对于这些王守仁去世后，未曾亲见但认同阳明学说，并请王守仁弟子为证拜入王门者，尚有多人，这些人都是王守仁的私淑弟子。

第三，再传弟子。所谓再传弟子，是指由王守仁亲传弟子招收培养出的阳明学者。王守仁的亲传弟子遍布各地，至明末，师徒传授达三四代之多，形成了数量庞大的阳明学再传弟子，其中较为著名者有聂豹之徒徐阶，官至首辅大臣；欧阳德之徒胡直，泰州王艮之徒罗汝芳，江西籍阳明学者等等。

从交往性质上，王守仁的弟子亦可分为三种：第一，师友。所谓师友，是指从学术传承上说，受王守仁教导，接受了阳明心学思想，从双方交往上说，与王守仁之间互相帮助，又是朋友关系的人。徐爱（1487~1517），字曰仁，号横山，浙江余姚人，王守仁妹妹王守让之夫。大约在弘治十六七年间，徐爱被王守仁之父王华相中，成了王府的乘龙快婿，结婚后将家安在了王府。王守仁自贵州龙场归来后，徐爱与王守仁在北京、南京等地往复论学，促进了王守仁思想的逐渐成熟，并在此过程中接受了阳明心学。正德十二年，徐爱病逝于浙江故居。徐爱是王守仁最为信赖的知己和门人，王守仁晚年仍常常念及他，每当讲学过程中遇到疑难问题，常会感叹：徐爱如在，不知道他有什么看法？第二，师徒。所谓师徒，是指像上文所说的钱德洪、王畿等人那样，与王守仁之间是师徒传承关系的人。第三，学友。从严格意义上说，学友并不属于阳明学派，与王守仁既无师徒之名，又无师徒之实，而是与王守仁共同探讨学术问题，促进双方学术思想的发展的人。在很多时候，他们之间的观点差别较大，争论甚多，然而学术上的异见并不妨碍双方的友谊，他们是终生之友。湛若水是王守仁一生学友的代表。湛若水（1466~1560），字元明，号甘泉，广东省增城人。弘治五年（1492）中举，二十九岁往江门就学于陈献章，毅然焚掉"路引"（赴考证件）以表学习决心，潜心研究心性理学，数年间学业大进，后来在母亲的再三劝说下才赴京参加会试。湛若水后来成为与王守仁齐名的学者，创立了自己的学派，史称"甘泉学派"。历史上称王守仁的学问宗旨是"致良知"，湛若水的是"随处体认天理"。湛若水中进士后，与当时在北京的王守仁结识，据湛若水说，他一见到王守仁，就感觉到他与众不同，二人一见如故，从此共同昌明圣学，友谊一直延续下来。王守仁去世后，受王守仁之子的委托，湛若水写了《阳明先生王公墓志铭》，这篇《墓志铭》中，记述了二人的友谊，也记述了二人通过学术讨论互相促进的经过。

从地域来源上，早在明末清初著名学者黄宗羲的《明儒学案》中就将王守仁的弟子分为以徐爱、钱德洪、王畿为代表的浙中王门，以邹守益、欧阳德、罗洪先为代表的江右王门，以黄省曾、唐顺之、徐阶为代表的南中（苏南和皖南）王门，以蒋信、冀元亨为代表的楚中王门，以南大吉、孟秋为代表的北方王门，以薛侃为代表的粤闽王门等六支，和两个不冠以"王门"的以王艮为代表的泰州学案和以李材为代表的止修学案，共八派。当代学者挖掘史料，又增加了以孙应鳌为代表的贵州王学和以郑善夫和马明衡为代表的福建王学。

由上可见，王守仁开创，其弟子们发扬光大的规模庞大、涵盖成员和地域广泛的阳明学派，它的形成和发展，不仅是明代中晚期学术界的重大事件，也对后世产生了重要影响，具体如下：

第一，促进阳明学的深入发展。王守仁一生学术经历十分复杂，早年沉迷于佛道二教，后学程朱理学，中年龙场悟道后，先后提出了"心即理""知行合一""致良知"等思想。他去世后，弟子们在他的思想的基础上，提出了众多新观点，例如钱德洪的"后天诚意"、王畿的"先天正心"、黄绾的"艮止"、季本的"龙惕"、邹守益的"戒惧"、聂豹的"归寂"、王时槐的"透性研几"、李材的"止修"、罗汝芳的"赤子良心"、耿定向的"不容己"等等。事实上，这些穿着各色"马甲"观点的核心还是来自王守仁，只不过是从不同角度诠释和发展罢了。

第二，促进阳明学的传播推广。王守仁生前十分重视以讲学授徒来推广自己的学说，在贵州、南京、浙江等地培养了大批弟子。他去世后，弟子们更是广建书院，聚众讲学，大力传播推广阳明学。嘉靖九年，王守仁的弟子们选择老师生前预定的讲学地浙江天真山，修建了天真精舍。此精舍可供百余名学生居住学习，每年春秋举行祭祀，各地门人致祭，并讲学数月，成为阳明学派的象征。江西、安徽、江苏、广东、湖南等地的阳明学书院，更是不胜枚举。讲会是王守仁弟子推广阳明学的另外一种重要形式。所谓讲会，是指中国传统社会中学者之间讲学的聚会。在明朝中后期，由乡绅士子们结集组成，以阳明学为主导且兼具学术讨论与道德修养为目的的定期讲会，对王守仁及其后学的发展、传播与推广具有重要的意义，学术界将这种讲会称之为阳明学讲会。当时影响较大的有安徽宁国的水西讲会、江西吉安的青原讲会和龙虎山的冲玄大会、北京的灵济宫讲会等。

第三，推动官方接纳阳明学。王守仁是中国历史上极少在学术和军功上都有突出贡献的人之一。在学术上，他创立了阳明心学，在军功上，他仅用月余时间就平定了正德年间的宁王朱宸濠叛乱。嘉靖朝初年，王守仁被封为新建伯，但有爵无禄，仅是一张空头支票。王守仁去世后，明世宗更下诏不给任何恤典，停新建伯爵位世袭，宣布阳明心学为伪学，禁天下士人讲阳明学。然而，王守仁的弟子们不懈努力为其师翻案，终于在隆庆元年（1567），经王守仁二传弟子徐阶的推动，吏部、礼部以"王守仁具文武全才"为由，奏请明穆宗恢复其爵位，穆宗下诏加封王守仁新建侯，谥文成。万历十二年，朝廷允许其从祀孔庙。至此，在王守仁去世五十多年后，终于得到了中国传统知识分子所能享受到的最高礼遇。

第四，维护王守仁家族的利益。弘治元年（1488），十七岁的王守仁在江西娶诸氏，至嘉靖四年五十四岁时，诸氏去世，膝下无子，收养子正宪。诸氏去世第二年，王守仁娶继室张氏，生子正亿，但两年后王守仁去世。王守仁去世后遭受不公正待遇，进而波及家庭。据记载，王守仁葬礼尚未结束，家乡的恶徒就上门欺辱。当时王正宪和三岁的王正亿被迫离家避难。第二年，王守仁的弟子大学士方献夫任职吏部，派另一位门人刑部员外郎王臣为浙江金事，赴余姚处理王守仁家事，至此其家庭才安定下来。为彻底解决王守仁身后的家庭危机，嘉靖十年（1531）五月，黄绾、钱德洪、王畿等人商量，以黄绾次女黄姆许聘给五岁的王正亿，并将其带在身边抚养。此后，王守仁的弟子们为抚养教育王正亿，做了大量的工作。

在黄绾成长过程中，除阳明学派对其影响甚大之外，另外一个决定因素就是他的家族——浙江台州府的黄氏。黄氏家族最早可以追溯到楚春申君，后因避西晋五胡之乱，由中原地区迁徙至福建，唐末五代，福建莆阳涵江的一支迁居至浙江台州府黄岩县之洞山，久而久之，这支黄姓被称为"洞黄"。

黄绾五世祖黄与庄，因德行敦厚而渐渐名闻乡里。一日，黄与庄在路上拾得白银数十两，没有据为己有，而是静坐路旁等待失主。不久，见一妇人哭号而来，黄与庄问其缘故，妇人说："因欠租税，官府将我的丈夫和儿子都抓进了监狱，我不得已卖掉房产偿还租税，半途听说丈夫死于狱中，慌乱之中将银两丢失。如果找不到银两，我的儿子也要死于狱中了，我要投水先死了。"黄与庄确认失主是妇人后，将银两如数交还。黄与庄的次子黄礼孚入赘薛氏，因不堪忍受薛氏女的凌辱而自缢身亡。薛氏因害怕官府追究，打算买舟逃入海岛躲避。黄与庄闻讯而来，不但没有责难薛氏父女，反而杖击尸体，说："你因为夫妻之愤而自尽，实在是太不孝了！"随后让薛家用薄棺材装殓尸体速速火化，以避免官府追究薛氏父女之罪。有人问黄与庄："这样做，你儿子岂不是太冤屈了吗?"黄与庄回答说："我不是不知道骨肉之情，但不这样做，薛家必定被官府制裁。宁人负我，毋我负人。"黄与庄德行敦厚至此，所以备受乡人尊敬。

高祖黄尚斌继承了其父的德行。一日夜晚，黄尚斌发现有小偷翻墙入室盗窃，并认出了是邻居某人。第二天，小偷怀疑被认出，故意与黄尚斌交谈，试探是否被认出，黄尚斌假装不知。此人再次盗窃时，被发现逮捕，才把这件事讲出来。如此德行，使得一介平民的黄尚斌去世时，当时的名人商辂、李东阳、谢铎等人为其撰写了《传》、《墓表》、挽联等，使其一时名闻乡里。

曾祖黄彦俊是黄家第一位出仕为官者。明英宗正统初年，黄彦俊进士及第，授官职方主事，赴四川选兵，圆满完成任务回京。按照明朝规定，京官满九年，朝廷恩封父母，为此黄彦俊坚持不辞官回乡。在第八年，他给友人徐简收殓尸体，秽气冲入口中，得病不治去世，时年四十二岁，距九年期仅差八个月，未完成为父母获得朝廷恩封的心愿。黄彦俊去世不久，妻子也病亡，十四岁的长子黄孔昭（原名黄曜，字孔昭，后以字为名）无奈携父母灵柩回到黄岩老家。即将到家之际，接到祖父去世的消息，接着操办祖父的丧事。从此以后黄孔昭在故里忍饥挨饿、千辛万苦抚养弟弟妹妹成人。尽管如此，黄孔昭对待族人乡里尽情尽礼，博得了大家的赞誉。稍长读书，勤奋异常，稍有懒惰，就书姓名于掌中以示警醒。有一天读书时，家人送来蜜糖食用，因精神高度集中，误将墨汁当作蜜糖食用而不知。又有一晚，有小偷见黄孔昭正在读书，想等他睡觉时入室行窃，哪知黄孔昭彻夜读书，小偷愤愤道："这个秀才害我苦等一夜！"英宗天顺四年（1460），黄孔昭进士及第。会试时，成绩特别突出，考官有意将其定为状元，无奈他当时的名字黄曜与当时一位当权者的姓名同音，最后被列为二甲第五名，历任吏部郎中、南京工部右侍郎等职。弘治四年（1491），病逝于南京工部右侍郎任上，享年六十四岁。

黄孔昭的长子黄俌，即黄绾之父。黄俌少年刻苦读书，行事低调，丝毫没有其他官宦子弟的嚣张之举，以至于人们都不知道他是吏部郎中之子。做秀才时，有八人因被诬陷要处以死刑，黄俌为他们鸣冤叫屈，使这八人无罪释放。他们给黄俌白银数百两以表谢意，黄俌坚辞不受，说："义当如此，何谢之有？"成化十七年（1481），黄俌进士及第，任工部营缮主事、车驾主事、文选郎中。黄俌所任之职，均是"肥缺"，每年有数十万两银钱经手，前任常与地方官勾结，私吞公款。黄俌上任后，刚正清廉，每年砍掉近半花费，堵住了侵吞公款的漏洞，遭到上下各级官吏的嫉恨。因此虽然不时有正直的官员举荐，但他一直无法升迁，最终以正五品郎中离任归家，于正德元年（1506）去世。黄绾之母鲍允俭，黄绾老家黄岩邻乡人，自幼端庄贤惠，能读《女孝经》《小学》等书。是时，其父鲍恩与黄绾祖父黄孔昭是在北京为官时的邻居，二人关系很要好。黄俌随父在北京，对鲍恩很有礼貌，鲍恩就有意将女儿许配给他。然而，黄孔昭已经为黄俌选择了家乡卢氏之女，不得已请算命先生比对黄俌、黄俌弟、卢氏女、鲍允俭四人的生辰八字。算命先生说："黄俌弟非长命之人，卢氏女与黄俌也不适合，独黄俌与鲍允俭般配。"于是，黄绾与鲍允俭定亲。就在此时，黄岩家乡豪强张氏也想娶鲍允俭，让人到北京征得鲍恩同意，被鲍恩拒绝。然而张氏并不死心，重金贿赂鲍氏族人，伪造了鲍恩的书信，信中说："只要家中同意，自己就同意。"然而，鲍允俭很有主见，她说："父亲在京为官，婚姻大事岂能不听从父亲之言，而让族人草草决定？"就把自己的生辰贴藏起来，使得张氏骗婚的伎俩一时无法得逞。不久，黄俌从北京回家乡与鲍允俭结婚，张氏听说后，就让人把鲍允俭抢来，打算强行成婚，鲍允俭宁死不从。此时，有家人来看望，鲍允俭假托如厕，逃了出来，方得以与黄俌成婚。黄家虽几代为官，但家境并不富裕。婚后，鲍允俭卖掉嫁妆，买田五十亩，勤俭持家二十余年，积攒下良田千亩。黄俌与鲍允俭育有五子：绍、绎、绾、约、纻，黄绾居中。黄孔昭死于为官任上，黄俌扶灵柩回乡办完丧事后，仅余银百余两，五个儿子顿时陷入生活困境，鲍允俭拿出早已为儿子们准备好的积蓄，才渡过难关。

可以说，阳明学派和官宦世家，从内外两方面促成了日后黄绾的成长。就外部因素而言，正德、嘉靖年间，阳明学以不同于传统程朱理学的特质而流行于士人之中，作为王守仁的浙江同乡，黄绾很早就与王守仁结下了深厚的友谊，为日后接受阳明学奠定了基础。从内部因素看，黄绾祖上三代均为进士出身，出仕为官，按照明朝的制度，生于这样的家庭，黄绾即便无法考取科举，也可以蒙荫出仕，这无疑决定了黄绾日后必将进入仕途。

出入科举与初识心学

明宪宗成化十六年二月二十一日辰时（上午 7~9 时），黄绾出生于黄岩家乡。出生之后，当地江河连续三日清澈见底，家乡人皆以为是祥瑞。但刚出生的黄绾不慎淹入水中，家人以为他活不了了，就放到一旁不予理睬，不料一天后黄绾依旧活着，家人才重新把他收养起来。虽然保住了性命，但经过这一劫难，黄绾留下了咳嗽的病根，并且身上许多地方都有紫色的结块，不小心碰到，痛入骨髓。两岁时，在乡人钟缓的主动提议下，由黄绾舅舅鲍鹏、舅母钟氏为媒妁，将钟缓六岁的女儿许配给黄绾，允诺成年后迎娶。

黄绾幼年时，祖父黄孔昭、父亲黄俌都在北京为官，母亲鲍允俭辛勤操持家务，上有年老的婆婆，下有五子，天天都是鸡鸣而起，二更就寝，基本上无暇顾及儿子的教育。好在外祖父鲍恩晚年由乐清移居黄岩，距离黄家不远，年幼的黄绾就寄居在鲍恩家。鲍恩（？~1488），字元光，号简庵。自幼聪明异常，七岁能诗，正统十二年（1447）乡试中举，成化四年（1468）官拜夷陵知州，后改任颍州太守，任上抱病归家。归家之后，鲍恩将家从乐清迁往黄岩。鲍恩家中藏书甚多，一生爱好读书，不仅熟记《诗》《书》《礼》《易》《春秋》等儒家经典，诸子百家之书也能信手拈来，出口成章，尤其擅长音律，时人有"鲍长律"之誉，著有《简庵稿》。寄居在外祖父家的黄绾，自幼受到了良好的启蒙教育，为日后为学、求道、从政奠定了坚实的基础。以至于黄绾晚年在《明道编》中仍念念不忘外祖父鲍恩，将自己的成长归功于其教育之恩：予天资颇美，外祖父简庵公教之亦有方。

弘治元年（1488），黄绾九岁时，外祖父鲍恩去世，舅舅鲍鹏不得已将其送至私塾。然而私塾中的老师大多没有真才实学，学生多为市井浮夸之徒，使得黄绾不但没有学到知识，反而染上了不少坏习惯。后来黄绾意识到不能再待在私塾中，就回家闭门自学，勤奋到终日不食、终夜不睡，稍有懒惰之意，就罚跪自警。为培养品行，黄绾把一个册子分为左右两栏，左栏写上"天理"，右栏写上"人欲"，平日有一个好念头，就用红笔在"天理"一栏记上一笔，有一个坏念头，就用黑笔在"人欲"一栏记上一笔，过十天计算一次，如果红笔多于黑笔，则说明这十日修养有功，反之则无功，需加努力。

黄绾以红黑笔记善恶念头的做法源自宋明以来的"功过格"。北宋士大夫赵概为了严格要求自己，准备了两个瓶子，如果起了善念，或做了好事，他就把一粒黄豆投入一瓶子中；如果起了恶念，或做了不好的事，他就会把一粒黑豆投入另一瓶子中。刚开始的时候，黑豆往往比黄豆多。后来随着赵概对自己的磨砺，时时内省，努力克制自己，改过迁善，瓶子中的黄豆渐渐多了，黑豆渐渐少了，赵概终于成为德行高尚之人。

范仲淹、苏洵等人改黄豆黑豆为簿册，记录功过，以鞭策自己，行善去恶。道教中也有类似的"功过格"。传说道教神仙许真君为了解救他的苦难信徒，托梦给南宋玉隆万寿宫惠真殿的又玄子，让他记下《太微仙君功过格》，宣称只要将《太微仙君功过格》放置在床头，睡前记录当天积累的功过，就能度过劫难，保佑自己和家人健康。在明朝历代帝王的鼓励下，"功过格"大量流行于世，从其弘扬的道德内容看，呈现出儒家道德修养和佛道宗教信仰融合的倾向。晚明袁黄撰写的《了凡四训》标志着传统"功过格"发展到顶峰。它不但以切身经历来说明功过善恶和自身命运的密切关系，而且将佛教诸神作为奉劝人们行善去恶的外在监督，具有更强的说服力和感染力。

尽管黄绾用"功过格"来培育自己的品行，但效果并不明显。据黄绾晚年回忆，他使用"功过格"有数年之久，仅能在行为上少犯错误，达不到传说的使坏念头消失的境界。这使他认识到，改变人的行为习惯不是一件难事，难的是改变人心。由此，他苦苦思索，试图从儒家道德学说中寻找一种能改变人心，使人自觉自愿践行圣人之行的学说，就像孔子说的"随心所欲不逾矩"，但一直未能如愿。

弘治四年（1491），黄绾在家乡拜祖父至交、著名学者谢铎为师。谢铎（1435~1510），太平县桃溪（今温岭市大溪镇）人。天顺八年（1464）进士，入翰林院为庶吉士，次年授编修。弘治三年（1490）擢升为南京国子监祭酒。次年辞官回乡，家居十年。经御史反复举荐，起用为礼部右侍郎兼国子监祭酒，死后赠"礼部尚书"。谢铎在明代文学史、思想史上有重要地位。在文学上，谢铎是茶陵诗派的重要代表。茶陵诗派是明代中期兴起的，主张性情，反对拘泥，推崇李杜，重视诗歌的声调、节奏、法度、用字的诗歌流派。在思想史上，明代弘治、正德年间，浙东理学由清一色的尊崇程朱理学，逐渐开始了向兴起的阳明心学转化的过程。谢铎反对墨守程朱理学，注重个体的道德实践，对阳明学的产生有一定的影响。谢铎是黄绾的祖父黄孔昭从县学开始的好友。据黄绾记载，祖父黄孔昭读书时性格偏强，与其他同学关系不融洽，唯独与谢铎关系密切，二人互相勉励，共同进步。黄孔昭早谢铎四年中进士，二人在后来同朝为官的日子里，志趣相投，交往更加密切。据明代官方编撰的《明孝宗实录》记载：黄孔昭在与谢铎同朝为官的十余年，每天清晨等候入朝时，必定与谢铎大声谈论诗文，或者评论程朱理学，故意让其他大臣听见。黄孔昭还与谢铎一起编撰明朝著名浙江籍儒士方孝孺的《逊志斋集》。成化十六年（1480），谢铎丁忧，后称病在家，弘治元年，朝廷重新起用，谢铎此时心有疑虑，黄孔昭写信极力劝其复出。谢铎的《桃溪集》收有寄赠黄孔昭的诗文几十首，书信七封等。黄孔昭去世后，谢铎专门为其作《南京工部侍郎黄公墓志铭》《怀黄工部世显》《谒黄世显侍郎墓有感》等，记述黄孔昭生平事迹，缅怀、思念之情。黄绾的父亲黄俌年少时求学于谢铎门下，谢铎有感于黄俌才华出众，专门作诗称赞："落落惊闻不措风，少年豪气许谁同。"弘治四年，谢铎辞去南京国子监祭酒后，居家十年，讲学于太平方岩书院。由于黄、谢二家是世交，在谢铎居家讲学期间，黄绾正式拜谢铎为师。

弘治四年，十三岁的黄绾承祖父黄孔昭荫，入国子监。恩荫是中国传统官吏选拔制度的一种形式。春秋战国时期，子弟继承父兄原有官爵的世卿制开始衰落，出现了荫袭制。虽然仍是世袭制度，但相较世卿制承袭父兄相同的官爵，荫袭制是只得到较低下的官爵，甚至只得虚衔或仅仅取得入仕的资格。隋唐以后，科举制逐渐成为最主要的官吏选拔方式，但荫袭制并未完全取消，反而被正式写入条律，确立五品以上官员的嫡长子有资格荫袭官爵。宋真宗在荫袭制的基础上，进一步发展出恩荫制。恩荫制是"门荫"制的扩充，规定在皇帝诞辰、祭祀之日、明堂大礼等时，文臣五品以上、武臣六品以上，可奏请皇帝开恩补子、孙、弟、侄为从八品到从九品阶官，即为"恩荫"。明代沿袭了这种制度，但有所改变，规定五品以上京官，任期考核合格并经吏部核查无过错被弹劾，能自陈"敬请"，送一子入国子监读书，称为"官生"，学习期满后可直接授予一定官职。黄孔昭之子黄俌未承荫袭便考中进士，因此黄绾承祖父黄孔昭之荫，入国子监。

　　黄绾十三岁时入国子监，三年后，谢铎任国子监祭酒，正是黄绾学习的大好时机，他却想凭借真才实学高中科举，不屑于这种依靠祖恩得来的机会，毅然放弃了国子监学习，回家乡苦读以图日后考中科举。然而弘治十一年乡试前夕，时任浙江监察御史的陈铨十分赏识黄绾的才识，特写信要他于当年八月赴杭州参加乡试，黄绾却放弃了这次机会。据黄绾自己说，因看到宋代张载、王安石等人论"荫袭""世禄"之言，又认为"荫袭"并非坏事，遂放弃科举。北宋著名理学家张载（1020~1078）曾为"荫袭"辩护："古代帝王设立世卿世禄制度，是为了表彰有功之臣和尊重有德之人，以示对他们的爱护和礼遇绵绵不绝，所以享受祖先世袭的子孙，应该更加勤勉努力、廉洁从政，以不误祖先之名。然而近代公卿子孙，将自己当作是平民百姓，钻营科举，贿赂考官，以求高中，丝毫不知道荫袭得官之责任重大，反而批评世袭是无能之举。其心可诛呀！"北宋吕希哲，少时因承祖荫得官，依旧想考中科举，王安石劝他："没有官位的人考科举，是因为贫穷，有官位的人再想考科举，是想侥幸获得更大的好处，真正的学者不这样做。我朝大儒周敦颐也是蒙荫得官，以少有的才学德行而被人称为亚圣（孔子被后人称为至圣先师，亚圣指仅次于孔子的人）。张栻也是荫袭得官，不失为大贤。你为何还以自己是荫袭而遗憾，非要考中科举呢?"黄绾反复思索张载、王安石的话，感触良多，一官半职好谋，一片家业好得，但仅仅是为了这些，即使得到的再多，也不能真正高人一等。人有贵贱、圣贤之分，但贵贱、圣贤的区别所在不是财富和地位，而是"义"，在"义"面前，即使是圣贤和天子，也不敢丝毫大意，所以我们在做任何选择时，首先要考虑是否合于"义"，合于"义"则行，不合于"义"则止，而不用有任何非分之想。由于有了上述想法，黄绾回信委婉拒绝参加乡试，而回家乡紫霄山中，独自勤学苦读，求圣贤之道。诚如他在信中所说："君子修道进德，是最重要的事，即使因此而穷困一生，也不后悔。"

黄绾放弃科举，回乡读书，立志求圣贤之道。他在桌子上立一个木牌以示自警，正面写着"穷师孔孟，达法伊（伊尹）周（周公）"，背面写着"勤敏自强，研精抑气"。由于学习思考太过努力，以至于得了病。在此期间，黄绾开始研习儒家"礼学"。儒家之礼，不仅仅是制度和规范，而且是丰富而深刻的理论形态和经典依据，这就是学术界称之为"三礼"的三部儒家经典:《仪礼》《周礼》和《礼记》。《仪礼》记载的是冠、婚、丧、祭、聘、觐等活动的具体仪式;《周礼》记述了周代三百多种官员的职务，从而展开对社会政治制度的设想;《礼记》则侧重于论述礼的理论问题，阐明礼的作用和意义。在西汉时，"三礼"中的《仪礼》地位最高;王莽执政时，"三礼"中的《周礼》获得重视，被列为官学，但王莽失败后其地位又下降了。相对于《仪礼》和《周礼》而言，《礼记》在两汉时地位最低，但它的传承最复杂，内容最杂乱，成书也最晚。秦始皇焚书坑儒，儒家经典几乎荡然无存。直到西汉建立后，人们才开始用汉代的文字小篆来搜集、整理、恢复儒家经典。据司马迁的《史记》记载，汉初只有一个叫高堂生的人才能传授儒家的礼学，到了汉武帝之后的孝、宣二帝时，有个叫后仓的儒者，对高堂生的学问学得最好。后仓有两个叔侄学生最有名，叔叔叫戴德，侄子叫戴圣，故当时的人称之为"大戴""小戴"。戴德传《礼记》八十五篇，称为《大戴礼记》；戴圣传《礼记》四十九篇，称为《小戴礼记》。在汉武帝末年，武帝的弟弟鲁恭王想扩大自己的宫殿，就拆毁了孔子的故居，在墙中发现了包括《礼记》在内的很多儒家经典。由于这些经典是用战国时期鲁国的文字书写的，不同于汉初时用汉代文字传授的儒家经典，故这批经典称为古文经，而当时用汉代文字传授的儒家经典则被称为今文经。这样，《礼记》就有了三个传承体系：一是高堂生→后仓→《大戴礼记》，二是高堂生→后仓→《小戴礼记》，三是孔子故居中发现的古文《礼记》。后来，这三个系统的《礼记》命运各不相同：《大戴礼记》到隋唐时仅存三十九篇，影响较小；古文《礼记》在东汉时影响较大，东汉以后逐渐没落；《小戴礼记》吸收了《大戴礼记》和古文《礼记》的内容，东汉末年从《仪礼》注解中独立出来，地位越来越高，唐代时正式获得了官学的地位，我们今天所说的《礼记》就是《小戴礼记》。从形式上看，尽管《礼记》取得经典地位的时间最晚，但它对中国传统社会的影响不仅比《仪礼》和《周礼》大，甚至有超过儒家"五经"中其他"四经"（《诗经》《尚书》《易经》《春秋》）的趋势。从《礼记》中剥离出的《大学》和《中庸》两篇，与《论语》和《孟子》

一起并称"四书",儒家经典"四书五经"九种,《礼记》独占其三,可见地位之高。到宋明时,《礼记》依旧是学人研究的重要对象。宋代理学集大成者朱熹,有感于古礼坠亡,古风日稀,故试图将古今之礼打通,汇成一部可以用之于万世的大典,因而晚年开始着手撰写《仪礼经传集注》一书。可惜朱熹去世时也未能完成此书,其后稿本刊刻流行于世,有《家礼》五卷、《乡礼》三卷、《学礼》十一卷、《邦国礼》四卷,共二十三卷,另有《丧礼》《祭礼》未写。此后朱熹的门人黄干(字勉斋,朱熹之婿)续写《丧礼》十五卷,杨复续写《祭礼》十四卷。元代理学家吴澄的《礼记纂言》也是研究《礼记》的重要著作。总之,《礼记》不仅记载了许多生活中的实用性礼节,而且详尽地论述了各种典礼的意义和制礼的精神,相当透彻地宣扬了儒家的礼制主义。历史和现实的经历使封建统治阶级越来越深切地感受到,在强化国家机器的同时,利用礼制为中心的儒家规范,吸引广大知识阶层,规范世人的思想和行为,是维护统治秩序进而获得长治久安的不二法门。

黄绾研读儒家的"礼学"不久,便学有所成,编订了《礼经》一书。弘治十四年(1501)左右,黄绾根据自己对儒家礼学的理解,将历代流传的"三礼"著作,编订整理成《礼经》一书,并将书稿寄给乡贤王启(1465~1534,字景昭,号东瀛),并寄上书信《与王东瀛论〈礼经〉书》,呈请指正。黄绾编订的《礼经》,现已不存,我们无法知道其内容,但通过《与王东瀛论〈礼经〉书》,我们可以看到黄绾对儒家礼学的理解。首先,黄绾指出造成《礼经》缺讹的原因是秦汉以来儒士以《礼》为求取官禄的敲门砖,而非将其作为真正的学问。春秋战国时期,伴随着周天子的衰落,诸侯各国日益肆意妄为,《礼》由于限制诸侯的行为,被诸侯所厌恶,所以还没到秦始皇焚书坑儒时，大多数就亡佚了。汉代的学者虽然恢复了《仪礼》《周礼》，有大小戴《礼记》，但由于当时学者大多将学《礼》视为求取功名利禄的垫脚石，所以它们大多不合周公、孔子制定"礼"的本意。其次，后世学者虽然努力恢复《礼》的原貌，但时空相隔，已很难做到了。宋代的朱熹写的《仪礼经传集注》，虽然欲成一家之言，但也无法摆脱前代学者的影响，谬误很多。朱熹门人黄干续写的《丧礼》，也大体如此，至于元代吴澄的《三礼考注》等，只是修订了朱熹著作的一些缺点而略有区别罢了。再次，黄绾指出自己编辑《礼经》是为了追求周公、孔子制定"礼"的本意，存后世研究"礼"中的"同"而去其"异"。

通过《与王东瀛论〈礼经〉书》可以发现，时年二十二岁的黄绾有着"初生牛犊不怕虎"的精神，大胆地指出汉以来对"礼"的研究都不正确，并有意重新编订《礼记》，恢复周公、孔子制"礼"的原貌。姑且不论黄绾所编的《礼经》是否恢复了周、孔的原貌，黄绾在此期间对"礼"的研究，对他以后的仕途产生了长远、深刻的影响。正德十六年（1521），明武宗去世。由于明武宗没有子嗣，因此他的堂弟朱厚熜即位，即明世宗。明世宗即位以后就遇到了一个关乎封建王朝礼制的大事：祭祀先皇。武宗朝的遗老们认为，应该以皇考（皇父）的规格祭祀武宗，而世宗认为皇考是自己的亲生父亲朱佑杬，由此引发了一系列关于皇家礼制的斗争，历史上将这一事件称为"大礼议"。事件中的两派都想从儒家礼制中找到依据，谁熟悉"礼"、谁的观点符合儒家礼制，谁就能占到理论优势，因此"大礼议"的关键是要娴熟地运用儒家的礼制。黄绾早年在编订《礼经》的过程中，对"礼"的内容相当熟悉，这为他后来参与"大礼议"奠定了基础。

如果说黄绾研习《礼》，为日后参与嘉靖朝的"大礼议"奠定了基础，使其日后官居高位，那么他此后不久师从陈献章的爱徒林光，开始接触到另一种学问——心学，则开辟了他一生的学问，为其提供了精神的寄托。陈献章（1428~1500），字公甫，号石斋，称白沙先生，广东江门人。元明以来，朱熹之学被定于一尊，学者无不偃伏于朱熹之学麾下。明朝中期王守仁创立明朝心学体系之后，朱熹之学独尊的地位才受到动摇。在王守仁创立心学之前，陈献章已经开始指责朱熹之学的错误，初步开创了心学发展的基本方向。

陈献章对明朝心学的开创贡献主要有：其一，在明初朱子学笼罩的风气下，通过寻找朱子学自身的理论矛盾来质疑朱子学的合理性，这一做法不仅为王守仁所继承，而且为王守仁以心学批判理学奠定了社会舆论基础。朱熹提出格物致知的目的是明吾心中之全体大用，即明明德，但他的方法不能达到这个目的，反而使得当时的学者流于经传注疏，而忽视自身的道德修养。针对朱子学的这一弊端，陈献章提倡"学贵自得"，指出学者为学不应以外物为认识对象，不应依靠耳目感官，不应受任何外来的干扰，而应使自己心中"真理充沛"，对于事事物物理解通透，即学贵"自得"。陈献章的这一方法指导了王守仁建立心学思想体系。据王守仁说，他曾按照朱熹的说法去格物，但不得其理，到第七日时甚至劳思致疾，遂明白天下之物本无可格者，其格物之功，只在身心上。其二，摆脱了朱子学天理的笼罩，强调"心"的重要性。天理是朱子学的哲学基础，整个朱子学思想体系是建立在这一概念之上的，因此朱子学又被称为"理学"。而"道"在陈献章的思想体系中占有重要的位置，因此陈献章在当时有一别称——"陈道学"。事实上，陈献章认为"道"是由心而生，心既能生"道"，也能统

"道"，因此"心"比"道"更根本。陈献章的这一说法动摇了朱子学的基础，直接开启了王守仁的心学体系。其三，陈献章的静坐的修养方法曾被王守仁大力提倡。陈献章继承了儒学的"为学要求诸心"的传统观念，同时对求之于心的方法经历了十余年的苦苦探索，最终领悟到"为学须从静坐中养出个端倪来"，即认为静坐是世俗之人心通往"圣贤之心"的入手处。王守仁延续了陈献章的"静坐"之法，以静坐为基本修养方法。由于受上述影响，所以学术界大多认为王守仁创立心学受到了陈献章的影响，特别是他的"龙场悟道"之后提倡的静坐修养，同陈献章的"静养端倪"乃一脉相承。

林光（1439~1519），字缉熙，号南川，广东东莞人。成化五年（1469）赴京会试落第，与同落第的陈献章相遇相知，同舟南归，拜陈献章为师，被后世认为是陈献章的百余名弟子中，最著名的两位之一（另一位是湛若水），著有《南川冰蘗集》。弘治十六年（1503），林光任国子监博士，黄绾随吏部任职的父亲黄俌在北京，得识林光，拜入门下。拜师之后，为表感激，黄绾写了《谢林南川书》。在信中，黄绾不但提及自己早已听说陈献章之学，知道林光是陈献章的高足，一直期待有机会能求学之，而且指出自己一直追求的不是程朱的科举之学，而是阐述人之本性的圣人之道。一年之后，黄绾再次致信林光，询问陈献章传授的心学思想，并希望他传授给自己。

总之，在黄绾成长学习阶段，有三个因素影响了他的一生：其一，三代为官的家世。黄绾的曾祖、祖父和父亲三代为官，按照明代的制度，他因此获得了蒙荫入国子监的待遇，这使得黄绾不像一般家庭的子弟必须自幼一心一意参加科举，而能相对从容地培养自己的兴趣，少年时就曾修"功过格"数年，后来回乡自学，皆出于此。其二，学"礼"的经历。黄绾曾致力于学习儒家礼学数年，还按照自己的理解编订了《礼经》，这使他谙熟儒家的礼制，为日后参与嘉靖朝"大礼议"奠定了基础。其三，拜陈献章高足林光为师。虽然明代心学首推王守仁，但陈献章是王守仁之前的心学大师，可以说，没有陈献章的推广，心学也不会有后来王守仁的成就，而黄绾在结识王守仁之前已经拜陈献章高足林光为师，这促使他后来接受了阳明心学。

针砭时弊与蒙荫出仕

明武宗正德元年（1506）三月十五日，黄绾之父黄俌去世，谢铎参加了黄俌的葬礼，并受黄绾之托，作《吏部黄郎中墓志铭》。同年十二月，黄俌葬于家乡委羽山南、先祖文毅公黄孔昭墓下，后改葬于委羽山之东。按照礼制，黄绾要为父守丧三年。尽管黄绾是国子监生员，有不经科举直接为官的资格，但也必须在守丧期满后方可赴吏部听选。不过，守丧期间的黄绾，已经开始关注政局，阐发对时政的看法，为日后步入仕途做准备了。

正德二年，守丧中的黄绾向时任太子太傅、吏部尚书的李东阳上万言书——《上西涯先生论时务书》，针砭时弊，展示治国理政的才华。李东阳（1447~1516），字宾之，号西涯，谥文正，明朝中期重臣。明英宗天顺八年（1464），李东阳十八岁跨级直接考中殿试二甲第一，选庶吉士。孝宗弘治十六年（1503），官至太子太保、户部尚书、文渊阁大学士。时内阁大学士刘健、谢迁颇有刚直之名，刘健善断，谢迁善持论，而东阳性温而多智谋，一时有"李公谋、刘公断、谢公尤侃侃"之赞。武宗即位后，李东阳加少傅兼太子太傅，任吏部尚书。武宗宠用宦官，任意缉拿民众，诬辱朝臣。正德元年（1506），李东阳等人上疏论时政之弊，不被采纳。十月，群臣请诛宦官刘瑾等，武宗与内阁议时，刘健、谢迁言辞激烈，甚至拍案哭骂，遂为武宗厌恶。刘、谢二人被免官，李东阳仍留内阁。次年，李东阳编撰的《历代通鉴纂要》成。刘瑾等人以书中一二页装潢颠倒错乱、字体有微小差讹为由，再次试图治李东阳之罪。武宗下旨不问，方得免祸。正德七年，李东阳辞官颐养天年。事实上，弘治十六年，黄绾随父亲黄俌在北京已经拜李东阳为师，并有《赞西涯先生书》，表达了对李东阳的感激之情。

黄绾致信《上西涯先生论时务书》，恰逢宦官刘瑾专权，弊政丛生之时。在信中，黄绾针砭时弊，列举为政之策。概而言之，其十四条为政之策包括以下六方面内容：

第一，为君之道。古今治乱的根本在于帝王之心，帝王更应该存天理、去人欲，否则上有所欲，下必甚之，历史上的亡国之君都是由此产生的。由于前朝老臣是先帝所托，老成持重，因此规范帝王之心的关键是任用前朝老臣。自古以来帝王应该先修家事而后才能治国理政，如果宫闱之事不定，则势必危及朝政，而安定宫闱就要按照祖宗定下来的制度，常向太后、皇后咨询，方能内外兼顾。虽然后妃外戚是皇亲国戚，不得不顾，但也应该有度，不能危及朝廷利益。至于宦官，历史上的种种事实都说明他们是刑余之人，少有忠良，不可轻信，更不能让其干涉朝政。

第二，为臣之道。朝中之臣，首推前朝所用旧臣。他们在数十年的为政过程中，不但是国内群臣的表率，即使是外国君臣，也无不为之倾倒。当今奸臣妄图将前朝老臣驱赶殆尽，岂不是长小人之志、起外敌觊觎之心？当今国库空虚、外患将生之时，正是任用老臣之际，且不可轻信小人之言。群臣之中，御史言官的作用也是重大。俗话说：人无视听不可谓之人，朝廷无耳目不可谓之朝廷。御史言官就是朝廷的耳目。他们职责所在，不仅关系上下消息畅通，而且能将奸臣遏制于未萌之时，救政事之弊。当今之时，皇帝要选择那些谙熟古今、不顾己私、忘身殉国之人担任御史，专司弹劾之职。

第三，为学之道。为学之道首先要明天理、辨义利。当今学者，为求科举功名，往往用功于章句文章，却忘记了科举制度的本意是通过读"六经"、《论语》、《孟子》等书，明圣贤之学，再辅之以经义策论，以选拔人才。章句文章只是科举之表，其本质在于圣贤之学。因此，为学之道首推正人心，欲正人心首推明学术，欲明学术首推改革科举命题，科举命题要光明正大，而不是追求文辞工整。

第四，治民之道。国家太平日久，百姓早已不知生灵涂炭之苦，心思淫逸。国家无事之时，尚可保持安定，一旦有变，则难以保持安定。倘若再有一些奸雄假托保护百姓，指责朝廷的过失，则必将生乱。近些年来，南北直隶、浙江、山东等地已经出现了很多动乱。值此多事之秋，朝廷当明白星火不灭必至燎原、蚁孔不塞久则溃堤，时时刻刻防微杜渐，防止陈胜、吴广、张角、黄巢之乱产生。

第五，立法纲纪之道。在法律制定和实施上，任何一个王朝的创业之君和公事之臣无不历尽千辛万苦创立新朝代，立法之完备非后世所能企及。祖宗之法虽不能十全十美，但经过长时间的检验，且天下之人已经习惯，不应贸然废除。近些年来，有些官员不经深思熟虑，企图弃旧制立新法，恐怕会使百姓手足无措，加上贪官助纣为虐，以致奸民四起。因此，在法律制定和实施上，维系法律的稳定最为重要。在国家社会的秩序上，任用人才、公正赏罚、遵守道德是至关重要的三件事。如果上述三者得不到很好的实施，就会丧失国家社会秩序，国家离灭亡就不远了。朝廷要在人才、赏罚、道德上果断行事。

第六，武备之道。圣人居安思危，必做到有文事必有武备。明朝开国以来，太平日久，使得军纪不严，武备废弛，军队中饱食终日无所事事之徒大有人在。这样的军队，一旦到了战时，难堪大用。近年来，北方蒙古人蠢蠢欲动，战事恐怕不久就会到来。为了战时之需，先帝曾做了许多工作，但依旧存在不少问题，尤其是北京周边的驻军，号令不一、操练不精，实难承担卫戍京畿的重任。武备之道，不在人多，而在择良将、明赏罚、蓄精锐。朝廷应在此方面多加筹措。

在洋洋万言、慷慨激昂的《上西涯先生论时务书》的最后，黄绾含蓄地表达了欲出仕成就一番事业的决心。黄绾生于东南，自幼读书，有志于承担天下之事。朝廷念及祖上的功劳，我得以入国子监，但学业尚未完成，不敢奢求官位。当今之世，虽然天下尚太平，但也危机四伏。因此，我时时刻刻为国担忧，想着有朝一日能为国出力。您身为当朝重臣，上遵天心、中感君心、下安民心，使天下有才之人、有用之策皆被使用，从而天下太平，百姓幸福。正因为如此，我将多年思考的治理国家之策呈给您，愿意忠于国家，报答您的知遇之恩。

《上西涯先生论时务书》寄出不久，黄绾似乎觉得这封信太过含蓄，尚不足以表达自己的出仕之意，又作《再上西涯先生书》。信中说：我曾读您的文章，知道您是当今的欧阳修。欧阳修门下有曾巩、苏轼、苏辙等人，才使欧阳修之道得以推广。作为您的学生，我虽然不敢比肩曾巩、苏轼、苏辙等人，但也愿意为您的事业做贡献，成就您的英名。正因为如此，我才给您寄了上一封信。推大车非一臂之力，支大厦非一木之能，治理天下非一人之能。周公辅佐成王、诸葛亮帮助后主，都注重网罗人才，集思广益。您为何不像他们那样做呢？我愿意报之以爱国之心，希望您不要嫌弃我的愚笨。在这封信中，黄绾出仕之情跃然纸上。

黄绾不但致信李东阳，表达出仕之情，而且写信给父亲的另外一位生前好友——储巏，恳求其矜恤。储巏（1457～1513），字静夫，号柴墟，直隶泰州人。成化十九年（1483）乡试第一，殿试时为二甲进士第一。授南京吏部考功清吏司主事，后历任北京、南京多种官职，官至三品。黄俌去世时，储巏时任太仆寺卿。得知好友黄俌去世，储巏委托他人吊奠黄俌。黄绾乘此机会，接连致信三封，恳求矜恤，并随信附上《上西涯先生论时务书》。储巏复函，认可了黄绾所提"求天下之才"的主张，对黄绾寄予厚望，希望他守丧期后向浙江老乡王守仁亲自请教。

正德四年（1509），三十岁的黄绾在为父守丧三年结束后，从母命出仕，赴吏部听选。黄绾在出仕之前，写信向老师谢铎告别，并请教为官从政之道。谢铎复函告知：为官从政最重要之事是学"真儒"，只要时刻以"真儒"自勉，那么忠孝廉洁都可以做到。黄绾在夜间接到谢铎书信，立刻起床挑灯夜读，受益匪浅。次年夏，谢铎去世。正德七年，黄绾归家养病，在家中发现谢铎的这封书信，再次拜读，潸然泪下。

第 2 章

为官与求学

结识阳明与终日论学

正德五年（1510），守丧期满的黄绾被吏部授予后军都督府都事。按照明朝规定，国子监生员首先任各衙门幕僚，即五府都事、通政司经历、太常寺典簿、光禄寺典簿、太仆寺主簿、詹事府主簿等职。三年任职期满考核合格，再升任宗人府、五都督经历，再三年期满考核合格，则可升至知府。当然，其中也不乏提前升迁者。按照这一制度，黄绾被授予后军都督府都事。后军都督府是明代五军都督府之一。明初朱元璋为分散掌管军队的大都督府的权力，撤销大都督府，改设前、后、左、右、中五军都督府，规定五军都督府管兵籍，掌军政，但无调动军队的权力。都督府设从七品都事一人。

在任后军都督府都事期间，黄绾并没有特殊的事迹，但在北京的三年中，黄绾结识了从贵州龙场归来的王守仁，步入了人生的新阶段。明武宗即位后，不理国事，终日玩乐，还任用宦官，打击群臣。正德元年，大学士刘健、谢迁、李东阳等人向皇上请旨诛杀刘瑾，因武宗庇护而失败，刘、谢两人被免官。御史戴铣、薄彦徽等上疏请求留用刘、谢，被廷杖除名。时任兵部主事的王守仁上疏援救戴铣等人，也被廷杖四十，贬谪为贵州龙场驿臣。正德五年春，王守仁由贵州龙场驿站赴江西吉安府庐陵县任知县。此时的王守仁已经历过"龙场悟道"，创立了心学体系，因此他虽在吉安仅仅八个月，但不喜以刑罚治民，而专以开导民心为本，将刚刚创立的心学思想贯彻于政教实践之中，颇具以心学为政之风。同年八月，当年将王守仁贬至贵州龙场驿的宦官刘瑾以谋反罪下狱，后被凌迟处死。十一月，王守仁得以入朝觐见，回到北京。

王守仁到北京后，素闻其名的黄绾立即前往拜访，进而结识了著名学者湛若水。黄绾的《阳明先生行状》中记述了当时的经过：黄绾自幼立志于圣贤之学，遍读周敦颐、二程（程颢、程颐）、朱熹、陆九渊等人的著作，每日练习静坐修养。虽然黄绾之父黄俌与王守仁之父王华是成化十七年同科进士（王华是状元），但黄绾并不真正了解王守仁的学问。早年储巏写信告诉黄绾，当今学者中，唯有王守仁学术方向正确，理论造诣深厚，黄绾如果能亲自向他求学，必获益匪浅。由此，得知王守仁住在北京大兴隆寺后，黄绾立刻前去拜访。当时王守仁和湛若水正在房间内谈论问题，看到黄绾来拜访，王守仁问：我的心学思想体系在历史上少有人传承，当今学者知道的也不多，你如何听说的呢？如何知道我在这里？黄绾如实回答，还说自己虽然有志于心学，但实际上并未真正用功于此，也未落实于实践中。王守仁说：学者不怕学习不努力，就怕没有学习的志向。随即又问黄绾是否认识湛若水，并请黄绾改日再来，一起订下三人终日共同学习的盟约。在北京相聚期间，王守仁、湛若水、黄绾三人闲暇时，必探讨学术问题，以至于常常忘记回家，终日饮食起居在一起。过了不久，王守仁擢升为吏部文选司员外郎、考公郎中，但三人依旧坚持不懈地相互学习。如此相处了两年，后来朝廷派湛若水出使安南（越南），王守仁与黄绾又相处了一段时间。正德七年冬，黄绾的都督府都事三年任期满，加之身体多病，遂告病回乡。离京之前，王守仁撰文为黄绾送行，相约日后在黄绾家乡附近天台山和雁荡山结庐而居，论学到老。

正德六年二月，礼部举行会试，大学士刘忠、学士靳贵为主考官，王守仁为会试同考官。按照明朝的会试制度，会试考官有主考官、同考官等十三种，人数多至数十人，其中主考官和同考官为内帘官，要经过由礼部推选、皇帝确认的程序，地位最为重要。主考官由有名望的官员担任，同时设若干同考官协调主考官阅卷，同考官负责先行评判试卷，加批语后推荐给主考官。时年四十岁的王守仁担任会试同考官，其名声已相当显赫。这次会试共取三百五十人，其中不少人后来成为王守仁的门生、阳明学派的中坚力量，如邹守益、郑杰、梁谷、王道、顾应祥、王元正等人，黄绾很快与这些人相识了。

正德六年春，黄绾与王守仁、徐爱、应良、方献夫、郑杰、梁谷、王道、顾应祥、王元正等人在北京郊外踏青赏景，游香山后，因天色已晚，难以返回城内，只得夜宿香山功德寺。此次踏春，众人作诗数首。王守仁有《夜宿功德寺次宗贤》："山行初试夹衣轻，脚软黄尘石路生。一夜洞云眠未足，湖风吹月渡溪清。水边杨柳覆茅楹，饮马春流更一登。坐久逐忘归路夕，溪云正泻春山青。"黄绾有《游香山次阳明韵》："帝畿何处散幽情，林谷高深逸兴生。不问金闺还有籍，岂图空界尚论名。台前春色湖天远，阁上烟华象纬平。面壁亦能随处静，花飞松径不闻声。"徐爱有《孟春与顾惟贤奉陪阳明先生游香山夜宿林宗师房次韵》等。二十多年后，升任礼部左侍郎的黄绾再次游香山功德寺，作七言绝句《功德寺》，诗中写道："回首昔游今几在，山僧问询泪泛澜。"

经过此次游历，黄绾与王门的弟子结下了深厚的友谊，从此与阳明学派中的主要人物均建立了良好的关系，使得他不仅在学术上接受了心学，也在政治上与阳明学派结成了同盟。

方献夫（1485～1544），字叔贤，广东省南海县（今南海区）人。弘治十八年（1505）进士。正德年间，授礼部主事，后升任吏部文选司员外郎，在当时是王守仁的上司，因认可王守仁的学术而拜其为师。明世宗即位后，他与黄绾等人支持世宗改定礼制，是"议礼派"的代表，后因此官至吏部尚书、武英殿大学士。正德六年，黄绾与方献夫结识。同年秋，方献夫告病归家，王守仁作《别方叔贤》赠别，黄绾作诗《次韵送方吏部叔贤养病归南海》。

应良，字原忠，浙江仙居人，正德六年进士。一次，王守仁与黄绾、应良讨论学术，王守仁说："长久以来很少有人研习圣贤之学，当下学者要想成为圣人，必须首先使良心清静，不能让人欲杂念污染了道德良心，然后才可以做具体的道德修养功夫。"应良虽然认可这一观点，但认为这种方法很难实行。王守仁作《答黄宗贤、应原忠》一文答疑：世间有圣人和凡人的区别，道德修养也有圣人和凡人的不同。就圣人而言，他们的心原本就像明镜一样，没有人欲杂念的污染，自然不需要道德修养的磨炼。至于凡人之心，由于长时间沉湎于人欲杂念之中，道德良心早已经被污染，因此就需要严格地进行道德修养，让道德良心重新显现。这看似很难，其实也不难，只要我们能认识到日常习气是污染道德良心的根源，就迈出了关键的一步。事实上，王守仁、黄绾、应良三人讨论的问题，不仅是阳明心学中的核心问题，而且对解决当前社会中的诸多问题，也有一定的启发。笔者尝试用当下流行的"扶不扶"事例说明王守仁的圣人、凡人之别。圣人如同不需要任何宣传和教育，就能自觉扶起倒地之人的人，他们之所以能这样做，是因为心中没有任何杂念，从"视人如己"的道德良心出发，主动扶起倒地之人。凡人不能像圣人那样自觉。在遇到老人倒地时，往往从各自的私利出发，考虑到"扶"会给自己带来损失而不愿意扶起倒地之人。从本质上说，圣人和凡人具有一样的道德良心，圣人之所以是圣人，在于他的道德良心时时刻刻在指导着言行；凡人之所以是凡人，在于他的道德良心被私心杂念蒙蔽，又不愿意下一番功夫去除杂念。因此，只要克服私心杂念的困扰，按照道德良心去做，凡人完全有可能变成圣人。

顾应祥（1483~1565），字惟贤，浙江湖州府长兴县人。弘治十八年进士，王守仁弟子中较早取得功名者。王守仁对他寄予厚望，曾称赞他："惟贤温文尔雅，朋友中最难得。"在北京期间，黄绾与顾应祥相识，常在一起谈论学问，黄绾将其引荐给王守仁。当时王守仁正在讲《论语》中的"颜渊问仁"章和《大学》格致说，顾应祥听罢发表议论，获得称赞，拜入王守仁门下。

王道（1476~1532），字纯甫，号顺渠，山东武城人。正德六年进士，拜王守仁为师。正德六年冬，王道改任应天教授，临行前，黄绾作为其好友，作《送王纯甫序》，王守仁作《别王纯甫》送别。王守仁在文中重申了孔子的"因材施教"方法，指出：因人施教是教育方法，教人行善是教育目的。因人施教的原因是人的气质不同，教人行善的原因是人的本性相同。教育就是让气质千差万别的人都恢复善的本性。次年，王道抵达应天教授任上，王守仁又写了《与王纯甫》，信中称赞他和黄绾是近年所收弟子中最为高明者。

林以吉（生平不详），时任御史，立志求圣人之学，请教于王守仁、黄绾。当他离开北京回乡时，王守仁作《林以吉归省序》，黄绾作《赠林以吉侍御》。在这两篇文章中，王、黄两人一致认为：一是求"圣人之学"须先立志，立志是学习成功的一半；二是"四书五经"只不过是圣人之言，真正要获得圣人之学必须要"自得于心"，而非只在书本中寻找。

张邦奇（1484～1544），字常甫，浙江鄞县（今鄞州区）人，弘治十八年进士。正德六年，张邦奇回家省亲，行前黄绾作诗《赠太史常甫省觐》，王守仁作《别张常甫序》。在学术上，张邦奇不认可王守仁的学问，他坚持程朱理学的观点，认为学问之道在于日积月累，只有通过不断的学习和实践，才能最终认识天理，成为有道德的人。而王守仁不同意程朱的观点，认为解决道德问题不能用学习客观知识的方法，学习客观知识可以日积月累，但解决道德问题首先要知道良知所在。由于两人学术立场不同，王守仁在《序》中让张邦奇仔细思考程朱所说的"泛观博览"是不是真正的学问，张邦奇回答说："我还不知道，回去好好思考一番。"

可以说，正德六年，王守仁、湛若水和黄绾三人在北京的相识，是黄绾一生的转折点。如果说黄绾在此之前只是一位蒙祖荫而步入仕途的小吏，在明代士大夫队伍中没有值得注意之处，那么通过这一年的论学，他进入到阳明心学领域，在明代中后期学术思想史乃至宋明理学史上，留下了自己的名字。

归家养病与结识挚友

正德七年，湛若水动身出使安南。至此王、湛、黄三人的学术团体不得不解散。在明朝历史上，安南一直是受朝廷册封的属国。正德元年（1506），明廷册封黎诲为安南国王。四年后，因宫廷内乱，黎诲自杀，黎日周即位。正德六年，明廷派湛若水出使安南，册封黎日周为安南王。次年启程。

临行前，黄绾写了《别甘泉子序》，缅怀三人的友谊，相约日后再聚。《序》中写道：我虽然自幼追求保全人性之道，但也知道孤陋寡闻是无法真正得道的，因此少年时不惜用三年时间与朋友切磋，又向老师学习六年，但均无法得道，以至于心灰意冷，怅然若失，认为终生无法求得保全人性之道。后来有人告诉我，浙江的王守仁来了，为何不向他请教呢？我于是赶忙去见他。与王守仁的一席谈话，使我回来后依然恍惚，不敢再起一丝一毫的私心杂念，从此不断地向他请教。王守仁又推荐我认识湛若水。从此之后，在王守仁和湛若水家中，常常能看到我的身影。王守仁曾许诺日后要打开雪窦山、清扫好西湖，与我们一起隐居当地。湛若水则要拂开南岳衡山，推开西边的云彩，与之同游。我早已下定决心在家乡雁荡（在今浙江温州境内）山中盖两个亭子，一个以王守仁的号"伯安"命名，一个以湛若水的号"元明"命名。当湛若水将要离京出使安南时，我问他："是否舍得与王守仁分别？"湛若水回答道："天地之间，道理相同的事物总会聚在一起，道理不同的事物终究要分开。我们三人有着共同的爱好和追求，现在的分离是暂时的，最终会重新相聚。"

相对于黄绾的《别甘泉子序》注重缅怀三人的友谊，王守仁写的《别湛甘泉序》则通过讲述自己亲身经历，说明学者应摆脱佛道二教等一切杂学的困扰，致力于圣贤之学。王守仁早年对道教很痴迷。十七岁时，遵照父亲的吩咐，前往兴都（今江西南昌市）迎娶表妹诸氏（诸芸玉）为妻。关于诸氏的父亲诸养和，有两种说法：一说是王守仁的舅父，一说是王守仁的父亲王华在京城的好友。笔者认为前一种说法不可信。王守仁的母亲郑氏，出身贫寒，而诸氏姓诸，且为江西布政司参议，不可能是王守仁的舅父。王守仁的新婚妻子诸芸玉是江西布政司诸养和家的千金。诸养和因江西匪盗蜂起、饥民揭竿，束手无策就到京师寻找解决办法，王守仁的父亲王华时任翰林院修撰，与诸养和相识。朝中官员都主张清剿，但王华认为要安民，民不聊生才成匪，观点与诸公不谋而合。此后，诸养和只要来京师，就必到王华府上拜访，有两次还把女儿芸玉也带来了。由此，王诸两家结亲。新婚之日，王守仁闲游铁柱宫，遇着一位道士盘腿坐在榻上，于是两人相与对坐，款款交谈养生之说，竟将婚礼置之脑后。家里人四处找他未见，直到第二天清晨才见他回家。后来，王守仁游安徽九华山，遇到了当地的道士蔡蓬头。王守仁恭恭敬敬地问他成仙之道，蔡只是淡淡地说时机不成熟，不能告诉他。过了一会儿，王守仁又将蔡道士单独引到后厅，再次请教，蔡依旧说时机不成熟。王守仁再三追问原因，蔡道士回答说："你在前厅、后厅待我礼节虽然隆重，但官气未散，我不能告诉你。"说罢一笑而别。王守仁三十一岁时，在家乡附近的会稽山阳明洞修炼道教引导术（气功），一度能先知先觉。一天，正在练功的王守仁突然对服侍他的书童说："你们快下山迎接三个来拜访我的人。"王守仁还告诉书童三人的姓名。书童很是诧异，认为王守仁在练功，怎可能知道山下有人来找他。在王守仁的一再催促下，书童下山，在山道上果真见到了王守仁说的三人，一问，正是来拜访王守仁的，知道了王守仁的先知先觉，大家都很诧异。

王守仁精于佛教。有一天，他在杭州西湖旁的虎跑寺见到一位禅僧，坐禅三年不语不视，于是他向禅僧大喊一声道：

"这和尚终日口里巴巴说什么？终日眼睁睁看什么?"和尚猛地惊起，即开视对话。王守仁问其家人，回答说："有老母在。"又问："想念否?"回答说："不能不想。"于是王守仁就向他说爱亲是人的本性，不可灭人性而求佛性，和尚涕泣而谢。当王守仁第二天再去时，这个和尚已经走了。王守仁如此精于道教和佛教，但他最终省悟，体会到亲情伦理是人出生时就有的感情，如果放弃亲情伦理，一意陷入道教和佛教，就会违背最基本的人性。正因为有了这样的认识，王守仁最终与佛道二教分道扬镳，回归儒学，创立了名扬后世的阳明心学。

在讲述自己沉湎于佛道二教的经历后，王守仁从学术发展的角度，分析了三人论学的价值。首先，王守仁认为，先秦以来的学术发展杂乱，使后世学者不知圣人之道所在。孔子以后，圣人之学经颜渊传至曾参，曾参传给孟子，孟子以后，圣人之学一度断绝，直到北宋的周敦颐、二程时，又接续上。从此以后，学者的著作越来越多，圣人之道却越来越不明；学者讨论的问题越来越精细，学术宗旨却越来越支离破碎；学者越专注于圣人之学，离圣人之学却越远。孟子生前就害怕学者被杨朱、墨子的学问吸引，不知道圣人之学何在。现如今，杨朱、墨子的学问没有了，佛教、道教却异常盛行。如果学者都能够摒弃佛道之学，那么圣人之学就可以大明于天下了。事实却与此相反，沉湎于佛道二教的学者大有人在，以至于圣贤之学不能发扬光大。其次，王守仁指出，学者追求科举是圣人之学不能昌明的最大祸患。如果说墨子的"无我说"、杨朱的"为我说"、道教的"清静说"、佛教的"心性说"还有优点，那么这个优点就是注重"自得"，让人学有所得，只不过他们在追求"自得"的过程中，偏离了正确的方向。当今的学者沉湎于科举之学，以华丽的文辞掩饰内心求取功名利禄的欲望，这甚至比杨朱、佛道的危害还大。再次，王守仁指出王、湛、黄三人之学是真正的圣人之学。王守仁自称早年曾沉湎于佛道二教二十余年，最终重回周敦颐、二程的学问，才学有所得。虽然湛若水以"自得"为宗旨的学问曾被人视为禅学，但王守仁坚信这种看法是错误的。最后，王守仁指出，圣人之学难以被天下人明白却很容易被人误解，世风日下却很难被挽回，王、湛、黄三人任重而道远。可以说，相对于黄绾的《别甘泉子序》，王守仁的《别湛甘泉序》视野更加宽广，从历史、学术和现实的层面指出不能将王、湛、黄三人的友谊简单地视为个人的交往，三人应肩负起传承圣人之学、改变学术风气的重任。与此同时，王守仁作诗《别湛甘泉二首》，倾诉挚友依依惜别之情："行子朝欲发，驱车不得留。驱车下长阪，顾见城东楼。远别情已惨，况此艰难秋！分手诀河梁，涕下不可收。车行望渐杳，飞埃越层邱。迟回歧路侧，孰知我心忧！"

湛若水离去后，黄绾也有了归家隐居之意。大体说来，黄绾归家的原因有三：其一，黄绾多病，不得已回家养病。上文提及，黄绾刚出生即淹水，留下了后遗症，此后身体状况一直欠佳，咳嗽不止。二十四岁随父亲在北京时得病一年多，不得已回家养病，在京三年中，一直多病。在给友人的诗中写道："我缘多病归方切。"正德七年秋，黄绾连上三个奏折，请求回家养病。其二，军都督府都事任职三年期满。按照明朝制度，官员任期期满考核后可辞官回家。其三，湛若水的离去，使得黄绾有了归家之意。湛若水离开北京后，曾有诗歌寄给在京的黄绾，黄绾作诗《志怀》回赠，表达自己思乡之情："委身属三益，岁晚哀无成。一朝或分手，使我百忧增。"

同年深秋，黄绾辞官归乡。离京之时，王守仁作《别黄宗贤归天台序》相赠。文中首先指明做学问的根本在于"明心"。

程朱理学认为天理落实于事事物物之中，因此求得天理的方法是"格物穷理"，即通过今日认识一物，明日认识一物的方法，最终豁然贯通，认识到天理。王守仁反对朱熹的观点，认为道德良心原本是至善的，但由于人欲和日常习俗蒙蔽，使得至善的道德良心不能彰显。因此，成为圣人的根本在于去除蒙蔽道德良心的人欲和习俗，而非读书写文章。人心像水，原本清澈，被污染了才浑浊；人心像镜，原本光洁，被污染了才无法照人。孔子说的"克己复礼为仁"，孟子说的"万物皆备于我"，都是这个道理。程朱理学的某些观点，与上述孔孟之说是相悖的。例如朱熹对《大学》中"格物致知"的解释：极力扩展个人的知识，穷尽万事万物的道理，到无所不知的境界。这一解释，是让人通过追求外在的知识来明白道德良心之所在。事实上，这是南辕北辙的做法，道德良心在每个人的心中，而不是在书本中，更不是在山水鸟兽等客观事物中。按照朱熹所说的做，无异于在污水中寻找清水，用积满灰尘的镜子照人，永远达不到目的。其次，王守仁以亲身经历鼓励黄绾归家后继续学习践行圣贤之学。王守仁说自己年少时不爱好圣贤之学，反而沉湎于佛道二教二十余年，后来才知道学习孔孟，有了如今的学问。黄绾在少年时就放弃科举，立志于圣贤之学，现如今又如饥似渴地学习心学，是当今学者中不可多得的有识之士。黄绾如今告病归家，我失去了可以交流切磋的好友，但他的家乡却多了一位传播圣贤之学的人。

黄绾还向结识不久的王守仁弟子们告别。在给王元正、梁谷、顾应祥的《留别三友》中，黄绾写道：朋友之间，形体可以分别，精神则永远相聚。之所以如此，原因在于精神是天理和良心的产物，天理永恒不变，良心人人皆有，所以精神不会因为形体的分离而消失。你们三人不要因为今日我将离去而伤心，我、王守仁老师和你们的精神是相通的。王守仁老师还要在北京停留一段时间，你们可以向他好好学习。此时，黄绾的浙江老乡汪玉的幼子正在病中，汪玉夫妻抱着病重的幼子与黄绾告别，黄绾借机开导汪玉说："你很爱你的儿子吗？"汪玉答道："当然。"黄绾又问："你能像珍惜幼子那样珍惜自己的良心吗？"汪玉不解。黄绾说："上天给我们良心，不是只为了爱自己的子女，还要用它来主宰我们自己。你如果能做到像爱儿子那样珍惜自己的良心，那你一定能成为圣人。"汪玉谦虚说："我哪里能成为圣人呀！"黄绾说："我早已看出你有成圣人的潜质，今后成就不可限量！"可以说，这番话表明黄绾已经接受了王守仁的思想。王守仁认为，每个人都有良心，只要按照良心来做事，就可以时时刻刻行善，即使圣贤也是如此，这一观念是阳明心学的核心。黄绾与汪玉的一番话，正是这一观念的翻版。

临行之际，王守仁的著名弟子徐爱作《送黄宗贤谢病归天台诗序》和五首送别诗。在《送黄宗贤谢病归天台诗》中，徐爱盛赞王守仁的学问："巍巍阳明山，千古秘禹穴。"在《诗序》中，他称赞黄绾才识和学问非常人可比，这都是与王守仁论学所得的。

正德七年冬，黄绾沿大运河乘船南归。在经过江苏的浒墅关（在今常州境内）时，遇到了终生挚友郑善夫。郑善夫（1485~1523），字继之，号少谷，福建闽县人，弘治十八年（1505）进士，官至户部主事。郑善夫早年擅长古文诗词，在著名文学家何景明的鼓动下，专攻诗词，是明代中期文学流派七子派的重要成员。后来徐爱从圣贤之学的高度称赞郑善夫：做学问舍弃了枝叶而求根本，写文章少用华丽的辞藻而追求寓意的深远，个人修养做到了既在身心之间又超越文字之外。其实，王守仁也有着相同的从文学转向心学的经历。王守仁十一岁时，随祖父到北京，过镇江金山寺，祖父与人饮酒作诗，一时没有写出来。王守仁从旁赋诗一首："金山一点大如拳，打破维阳水底天。闲倚妙高台上月，玉箫吹彻洞龙眠。"十一岁的王守仁能随口诵出如此顺畅的七言绝句，让客人们大为吃惊。又让他作诗一首，他又随口诵出："山近月远觉月小，便道此山大于月。若有人眼大如天，当见山高月更阔。"由此可见，王守仁自幼就非常具有文学天赋。后来他参加浙江乡试得举，次年会试名落孙山，朋友们都纷纷前来安慰和勉励。当朝宰相李东阳半开玩笑地对他说："你今岁考不中，下次必中状元，先来一首'状元赋'。"王守仁听了，当即提笔，一挥而就。在场的学者见之大惊，异口同声地赞叹道："天才！天才！"后来，王守仁回余姚老家，在龙泉寺创立诗社。曾任布政司的魏瀚辞官在家，平时自恃才高，却与王守仁结成了忘年交，常与他吟诗作赋。后来王守仁对诗文的兴趣逐渐减退，认为这只是无用之物，无益于国计民生。诗社中的人很是惋惜。王守仁笑曰："即使文章如韩愈、柳宗元，也不过是文人，诗如李白、杜甫，也不过是诗人，如果有志于心性之学，颜渊、闵子骞等人也是可以达到的，因此心性之学才是第一等的学问。"由文学向心学的转变，不仅是王守仁个人人生的一大转变，也是明代中期学术发展的基本趋势。宋明以来，或因科举考试，或因个人爱好，专攻诗词文章的学者大有人在。虽然文学是传统儒学的重要组成部分，古往今来众多学者痴迷于此，但对于宋明理学提倡的个人道德修养而言，诗词歌赋无助于提高道德境界，甚至会将人引入歧途，尤其是科举考试的八股文，更是因此备受诟病。王守仁早年从诗文中转变出来，专注于道德之学，才创立了心学体系。郑善夫的经历与王守仁相似，也是早年擅长诗文，后转向心学。因此有学者指出，郑善夫的转变是王守仁创立心学之后，成功转化文坛才子的案例。

郑善夫由文学转向心学，得益于正德七年与黄绾的相识。黄绾与王守仁、湛若水在北京论学之时，郑善夫正在江苏南部为官。明代时，水运是主要的交通工具，大运河与长江交汇的苏南是南北交通要冲。当年王守仁从北京贬谪贵州时，就经大运河南下，而后转往贵州。黄绾从北京沿大运河南下，走到苏南浒墅关时，遇到郑善夫。至此，郑善夫才知道王守仁及其心学思想。据郑善夫回忆，当听说心学后，十分后悔自己以前沉迷于文学之中，于是尽弃以前所学，专心于心学。当黄绾要回家乡时，郑善夫相约日后去黄岩请教。正德八年，王守仁自北京回浙江老家，路过毗陵（在今江苏常州境内）时，郑善夫趁机向其请教，但是进步不大。后来在黄绾的影响下，才稍稍领悟阳明心学的真谛。为进一步提升自己，郑善夫又奔走四方，向学有所成的王守仁弟子请教，为此还专门去了王守仁的老家绍兴，却没有遇到王守仁。于是只好再次向黄绾问学，并委托他人向王守仁转达希望拜入门下的决心。据黄绾记述，王守仁得知郑善夫有志于心学时，有意接纳他，甚至有传"衣钵"之意，只是由于王守仁不在浙江，郑善夫不能如愿以偿，亲自拜他为师。然而，郑善夫服膺于王守仁的学问，一直自称是其弟子。按照前文所说，郑善夫应是王守仁的"私淑"弟子。郑善夫一生对王守仁赞叹不已，认为王学向内能纠正自古以来学者困惑之处，向外可以挽回时局的混乱，他甚至还作《梦与王守仁论学》诗："美人入我梦，惠我白云词。述作何多事，经纶非尔时。"正是在阳明心学的引导下，郑善夫对文学由推崇转而怀疑甚至批判：文学只是"玩具"，最能使人沉湎其中，无法自拔。

黄绾居家养病期间，郑善夫两次前往拜访，两人同游浙东名山雁荡山，终日讲学论道，结下了深厚的友谊。

第一次是郑善夫在正德十二年的黄岩之行。得知郑善夫要从福建来黄岩拜访，共同研讨圣人之学，黄绾特意在翠屏山为郑善夫建"少谷亭"，让其居住。黄绾的《少谷亭记》记述了郑善夫来访时的情景：郑善夫坐在亭中，抚琴而歌："山之阻兮石嶙嶙，山之幽兮涧沄沄；携手于行兮搴萝荪，永言无竟兮共夫君。"黄绾听罢感慨道："自从我年少时在这里立志学圣贤之学起，只遇到王守仁、湛若水两位先生能够与我共同做这项事业，不曾想现在又多了一位郑善夫啊！"郑善夫说："不止我一个人，我有一位好友也有志于此，我告诉他，他一定会来的。你也可以多找几位朋友，我们一起研讨圣贤之学，如何？"

郑善夫还应黄绾之请，为黄绾的"石龙书院"写了《石龙书院记》，说明了自己与黄绾相识经过、此次来访缘由，并介绍了石龙书院的布局。西周时就有"学在官府"的说法，是指教育都是官府所办，教育的对象只能是贵族子弟。孔子之所以被奉为中国教育的祖师，最重要的原因是他提出并落实了"有教无类"的教育理念，打破了"学在官府"的旧制，开创了私人办学、平民接受教育的先河。汉以后，虽然私人办学发展较快，但官府主导教育依旧是主流。当"书院"兴起后，中国才真正开始了私人教育高度发达的时期，并最终实现了孔子的"有教无类"，推动了中国古代学术的繁荣。"书院"一词最早出现在唐玄宗开元年间，当时有大臣上疏玄宗请求编订书名，整理书籍。唐玄宗接受了这一建议，下令建"书院"以整理图书。此时的书院主要功能是整理图书，兼及教育。宋代以后，书院教育得到极大发展，有岳麓、白鹿洞、嵩阳、应天等"四大书院"。宋明理学的主要人物大多参与到书院教育中来，以书院为载体，发展、推广、传播宋明理学。在明代，程朱理学主导了官府建立的各级学校，使得刚刚发展起来的王守仁心学只能借私人创办的书院来推广。所以王守仁在龙场悟道后，就在贵州建立了龙冈书院，以心学教育学子。此后，王守仁及其弟子在各地创办了众多书院，以书院教育学子，推广心学，以书院开展学术讨论，发展心学。黄绾回到家乡黄岩养病时，也创办了石龙书院，既作为自己读书之处，又作为教育学子、推广心学之用。据郑善夫的《石龙书院记》记载，黄绾之所以取名"石龙书院"，是因为黄氏家族在当地有一个湖，枯水时可见到湖底有宛如龙形的石头，故命名之。石龙书院规模并不大，据郑善夫说只有五间房，中间一间取名"凝道堂"，东间取名"幽赏"，西间取名"寓远"，东厢房取名"天风"，西厢房取名"空翠"，中间的庭院取名"虚白"。从此以后，黄绾自号"石龙子"。

郑善夫来访后，黄绾又邀请浙江南部的王守仁弟子如应良、应典等人同来游历山水，研讨心学。时任台州府知府的顾璘得知好友郑善夫和多位王守仁弟子到来，盛情款待他们。顾璘（1476-1545），字华玉，号东桥居士，自称东桥子，南直隶应天府上元县人。弘治丙辰九年（1496）进士，官至南京刑部尚书，他为官融朗阔达，擅长文学，是明代中期著名的文学家。提到顾璘与王守仁的交往，就不得不谈到收录于王守仁《传习录》中卷那篇著名的《答顾东桥书》。嘉靖四年（1525），顾璘致信王守仁讨论学术，王守仁回《答顾东桥书》，这封信收在《传习录》中卷之首。后来，这封信又被单独拿出来，冠之以《拔本塞源论》的标题。《拔本塞源论》是王守仁在传统"万物一体"思想的基础上，提出他的心学政治主张。在中国，"万物一体"思想可谓源远流长，墨子的"兼爱"思想、庄子的"齐物"论、孟子的心性论，都包含着"万物一体"的思想。宋代以后，这一思想的影响更大。日本学者岛田虔次在《朱子学与阳明学》一书中指出："万物一体"思想在中国思想史上有两个高峰，一个是程颢，一个是王守仁。程颢明确提出了"仁者浑然与物同体"的思想，而王守仁在此基础上又提出了"大人者，以天地万物为一体"的说法。在《拔本塞源论》中，王守仁指出由于上古三代彻底贯彻了"万物一体"思想，所以是最为理想完美的社会。后来，"霸术"盛行，"功利之术"风靡天下，以致整个人类几乎变成了"禽兽夷狄"的社会，即便是儒家学说也无法挽救，后来连儒家思想也沦陷，成为博取功名利禄的帮凶。王守仁最后指出，所幸天理之在人心，是不可改变的事实，人的良知是永世长存的。学者只要听到"拔本塞源"之论，必然能愤然而起，拯救世界，这股激情就像江河决堤一样，奔腾直下，势不可挡。该文一气呵成、纵论古今、气势磅礴，体现出王守仁以心学改变人心、变革社会的雄心壮志。

作为与王守仁心学密切相关之人，顾璘在台州府城附近建"玉辉堂"，招待、纪念到访的各位学者。建"玉辉堂"时，恰逢天降大雪，在场宾客均有诗歌唱酬，黄绾作诗《玉辉堂》、郑善夫作《燕集玉辉堂》、应良作《玉辉堂记》等，此次聚会，成为当地的一件文化盛事。

俗话说"天下无不散之筵席"，在与诸位同道中人论学、游览之后，郑善夫因前往杭州转赴京城任职，到了要与众人分别的时刻。黄绾等人将郑善夫送到钱塘渡口，目送郑善夫离去。离别之际，郑善夫与黄绾相约三年后再访黄绾与紫霄山石龙书院。此外，众人还相约同年秋冬之际，同赴广东增城，寻访湛若水。随后郑善夫写信告知湛若水众人将去与他相会，湛若水十分高兴，回信说已经在家乡的西樵山中选好了接待众人之处。但此次约会因故未能成行。

对于此次黄岩之行的收获，郑善夫曾在给友人的信中说：与黄绾、应良等人商讨心学，真是人生一大快事。通过这次聚会，自己认识到二十年来热衷的诗歌文学，都是黄粱一梦呀！从今以后，当尽弃前学，一心一意探究心学。

第二次是郑善夫在正德十五年的黄岩之行。三年前在黄岩分别时，郑善夫、黄绾、应良等人约定三年后再次在黄岩相聚。时间一到，郑善夫和应良如约而至。于是众人同游雁荡山、天台山等浙东名山。在饱览雁荡山的美景后，众人诗意大发，写下了许多诗词歌赋。游毕雁荡山，黄绾、郑善夫一行又游览了天台山，参访佛教名寺国清寺。

游览名山盛景后，黄绾、郑善夫一行至绍兴，先是在会稽（在今浙江上虞境内）寻访旧友董玘。董玘（1487~1546），字文玉，号中峰，浙江会稽人。弘治十八年，与郑善夫同科进士，高居榜眼，官至吏部左侍郎兼翰林院学士。与董玘相会后，一行人又至白浦之上寻访好友朱节、蔡宗兖。朱节、蔡宗兖两人是王守仁最早的一批弟子，完全领会心学之真精神。众人留宿在朱节家的招待宾客之所——"茶瓜小会"，晨曦登山游览美景，夜晚归来卧听海浪拍岸，在美景中探讨心学，怀念正在江西前线作战的老师王守仁。在绍兴大禹陵，黄绾、应良等人与郑善夫告别。临行之际，郑善夫邀请黄绾等人于次年至福建访学。与郑善夫分手后，黄绾再次拜访朱节、蔡宗兖两人，相互论学。

郑善夫离去之后，两次致信黄绾，请教做学问的方法。黄绾回信，首先回忆了众人之前聚会时的情景，指出众人讨论的学术都是心学的真谛，希望郑善夫谨记在心，并落实在实践中。其次，以孔孟教人的事迹为例，说明任何学问都需下一番苦功方能有所得。黄绾说："孔子以前授徒时，从来不轻易将学问传授给弟子，即使颜渊、曾参等人，也是多次密访，孔子才传授给他们。孟子在记述圣贤事迹时，都要说他们历经常人所不能忍受的艰辛后，方才学有所成，所以《孟了》中才有'故天将降大任于斯人也，必先苦其心志，劳其筋骨，饿其体肤，空乏其身，行拂乱其所为，所以动心忍性，曾益其所不能'之语。郑善夫早年未曾听闻心学，更没有受到王守仁的亲自教诲，而是追求科举功名和文学创作，所以现在更应该下一番苦功夫学习心学。"最后，提出对郑善夫的殷切期望。黄绾说：郑善夫才华出众，世俗的功名利禄只能诱惑一时，最终还是会重归圣贤之学的。再加之众多朋友的相互砥砺，一定能学有所得。

收到黄绾的来信后，郑善夫回信告知了最近做的静坐功夫。正德七年以后，王守仁一直教弟子静坐实践，以去除私心杂念对人心的干扰。在信中，郑善夫告知黄绾最近在实践中遇到的难题："近日一直闭门静坐，在静坐中常常能感受到私心杂念对人心的干扰，认识到自己道德实践的不足。虽然能感受到私心杂念，但却不能去除。如若一直这样下去，恐怕每个人最终还是会被人欲牵着走呀！"事实上，郑善夫的疑问，也是王守仁静坐方法无法解决的难题。下文将对此有专门说明，在此不赘述。对于郑善夫的疑问，没有文字记载黄绾的解答之法。

嘉靖二年，王守仁在浙江绍兴家中，此时郑善夫对阳明心学有所觉悟并打算前往王守仁家中请其亲自教导学问，但未能成行便因病去世，黄绾闻讯后，十分悲恸，作《少谷子传》，对两人在黄岩的两次交往作详细记述。

正德七年，因湛若水出使安南，黄绾归家养病，使得王、湛、黄三人讲学团体不得不解散。我们从黄绾与王守仁及其弟子离别的文章中，可以看到黄绾已经接受了阳明心学。在黄绾归家途中，他结识了一生的挚友——郑善夫。正是这次相遇，黄绾将一直沉迷于文学创作中的郑善夫逐渐引入阳明心学的殿堂，两人在共同的志趣中结下越来越深厚的友谊。

调解争论与拜入王门

黄绾归家后月余，王守仁升南京太仆寺少卿，也离开了北京。在去南京途中，王守仁顺道归家乡余姚省亲。当时，徐爱任祁州知州三年期满，升南京工部员外郎。于是王守仁和徐爱同船回浙江老家。在途中，王守仁向徐爱讲解《大学》。据徐爱说，听到王守仁的讲解后，心中十分痛快，如痴如狂达数日之久，以前积聚在胸中的疑问，顿时豁然开朗。自此徐爱便相信王守仁之学是孔子的嫡传，其他的学问都是旁门左道。徐爱将此行王守仁所讲记录下来，就是现今流传的《传习录》上册的内容。《大学》和《中庸》原是《礼记》中的二篇，南宋朱熹将它们从《礼记》中独立出来，和《论语》《孟子》编在一起，合称《四书》，并对《四书》作了注解，即《四书集注》。宋元以来，《四书集注》一直是科举考试的指定"教材"，没有任何人敢质疑朱熹的注解。然而王守仁认为，朱熹对《大学》的解释有不妥之处。例如，《大学》首句："大学之道，在明明德，在亲民，在止于至善。"这里的"亲民"，朱熹解释为"新民"，意思是指在扩展光明的德行之后，又能推己及人，使所有人去除旧的污染而自新。王守仁认为朱熹的解释是错的，

"亲民"本意就是亲民，是孟子"亲亲仁民"之意。王守仁对《大学》的解释，随后引起了学者们的激烈争论。

正德八年二月，王守仁和徐爱到达余姚老家。王守仁原计划到家后，就与徐爱赴黄岩与黄绾相聚，然后同游天台山、雁荡山。由于宗族亲友挽留，木能成行，就等待黄绾来余姚，但直到五月，黄绾也未来，王守仁只得与他人一道游览四明山、雪窦山、宁波等地。回到余姚后，王守仁收到黄绾邀请他去黄岩的书信，回信道："此行最大的遗憾就是你没有同行。在游览过程中，常想起以前我们在北京论学时的情景，恨不得重新回到那时，我们再次互相学习。还记得我们三人相约在天台山、雁荡山结庐而居的约定吗？想不到当初的约定竟无法实现。由于是赴南京途中顺道回家省亲，时间不多，所以徐爱多次催促，以至于此行往返不到一个月。听说黄岩附近景色很美，你在家中也无要紧之事，也许我以后还有可能去拜访你。同游的诸位朋友虽然都有一些感触，但没有太大的收获。这是因为当今后辈大多受社会习气影响较深，以至于我没有发现其中有可塑之才。不过这正如大浪淘沙，最终会发现金子，只要我们不断努力，一定能找到发扬、传承我们思想的人才，只是眼下没有收获而已。"由此可见，王守仁此行虽为游览山水，实际上是利用这个机会点化后辈学者。

黄绾之所以未能实现当初与王守仁同游天台山、雁荡山的约定，是因为他到家后便一直生病，只得在紫霄山中修炼道教辟谷，以求身体康复。辟谷，又可称为"断谷""绝谷""辟粮"等，通俗地讲就是不吃五谷杂粮。道教认为，人吃五谷杂粮，要在肠中积结成粪，产生秽气。同时，人体中有尸虫，专靠得此秽气而生存，它们的存在会使人产生邪念而无法成仙，因此为了清除肠中的秽气和除掉尸虫，必须辟谷。尽管辟谷是道教修炼方法的一种，但它的确有助于清除积滞、排出癖毒，如果方法得当，还可调节体内循环，对畅通经络亦有帮助，从而在一定程度上促进人的身心健康。黄绾在给王守仁和湛若水的《病中习辟谷寄阳明甘泉》中描写行辟谷术的效果："伏疴久未愈，乃试辟谷方。山深易松柏，日采颇不忙。终朝未一粒，三咽充我饥。神爽绝超越，肝肺忽已香。从兹谢荤秽，并遣人间粮。琼英与玉液，脱履皆堪尝。邀我若耶子，招手西云郎。与锄三径草，白日游玄荒。"看来，黄绾练习辟谷术的效果尚可。

在随后的日子里，黄绾一直在家乡紫霄山中结庐而居，并按照当初在北京与王守仁、湛若水的约定，在房子的附近为他们两人各建一个亭子，命名为"阳明公亭"和"甘泉公亭"，并称"二公亭"。黄绾还写了七言绝句《紫霄怀阳明甘泉》，并致信两人，敬候来访。

就在黄绾在紫霄山中辟谷养生之时，王守仁已经到了滁阳（今安徽滁州市）境内，负责当地的"马政"。整个明代，与北方的蒙古人时有战争，因此饲养军马是明政府的重要工作。明政府为蓄养马匹，增强兵力，下令民间养马，并设置相关官吏，管理马政。马政繁杂，《明实录》中关于马政的奏章可谓连篇累牍，可见马政之难之繁，不仅严重困扰了政府，而且增加了明朝百姓的负担，令百姓苦不堪言。

在滁阳期间，行政事务并不繁忙，王守仁把精力放在了治学授徒上，提出了后来影响很大的"静坐"说，并培养了数百名学子。提及"静坐"，我们首先想到的是北宋的周敦颐。周敦颐的《太极图说》对宋明理学的理论建构有巨大的影响，这已是学术界公认的事实。在《太极图说》的结尾处，周敦颐继承了道家道教一贯主张的"虚静""守静"之说，提出了圣人

"主静"的修养方法。此后，"主静"作为宋明理学中的一种重要的修行实践方法，经北宋的程颢、程颐兄弟传至南宋的朱熹，朱熹有"半日静坐半日读书"之说。王守仁在滁阳讲学期间，着重向学生传授了静坐之法。关于王守仁这时的教学内容，历史上已有公论，即静坐收敛。如钱德洪说："自滁阳后，多教学者静坐。"事实上，在王守仁的著作中，描述他早期静坐修养的过程和境界的文字是很多的。正德四年，王守仁从贵阳龙场回来路过辰州（在今湖南怀化市境内）时写的《与辰中诸生》中说："儒家的静坐并非是佛教的坐禅入定，而是补小学中'收放心'功夫的不足。"中国古代教育分"小学"和"大学"。小学是指八岁至十五岁之间，学习洒扫、应对、进退等礼节，礼乐、射御、书数等知识的学习阶段。十五岁以后，进入大学阶段，学习穷理、正心、修己、治人的道理。王守仁认为，古人在小学阶段，要学习"收心术"，以便让心神集中于所学的内容，后世学者没有学过"收心术"，因此要以静坐补早年未学"收心"的缺陷。在《传习录》上卷中，王守仁指出，初学之时，学者"心猿意马，拴缚不定"，所以应当学习"静坐"的功夫，以使思虑平静下来，此后才可以学习其他道德修养方法。

王守仁之所以在滁阳期间传授静坐之术，大概和他早年的经历有关。王守仁早年的道教修炼活动是他此后提倡静坐功夫的现实原因。在宋明理学中，周敦颐、程颐等人都认可静坐功夫。从思想的渊源来看，宋明理学中的静坐显然是受佛道影响所致。从王守仁的人生经历看，他的静坐实践不是源于周敦颐、程颐，也不是出自佛教的静坐，而是源自于他自幼的道教静坐实践。

就在王守仁大力传授静坐功夫时，有一位叫孟源的弟子提出的问题，使王守仁认识到静坐的缺陷，促使他进一步思考道德修养的问题。孟源问："我即使在静坐中，心中也会有各种杂念缠绕，不能杜绝。为何会有这种情况？怎样才能杜绝杂念呢？"事实上，孟源的问题指出了"静坐"的重大缺陷：形式上的"静坐"并不意味着内心就一定能安静。王守仁教弟子"静坐"，是为了让内心安静下来，以便做进一步的道德修养。然而，在很多情况下，即使我们静坐，但内心依旧思绪万千，这样就达不到静坐的目的。对于孟源的疑问，王守仁当时也不能否认。他说："即使我们强制让人头脑中的念头静止，也是无法做到的。我们只能让我们的念头在刚刚萌动时，检查哪些是善的念头，哪些是恶的念头。抑制恶的念头，不使其发展，让善的念头继续发生作用，经过持续的努力，最终可以使心中没有杂念。"由此可见，王守仁也认识到一味强调静坐，未必完全有效。十年之后，弟子刘元道写信给王守仁说有意入深山静坐，王守仁回信指出静坐之非：养心之学如同治病一样，要根据不同的症状采用不同的修养方法，不能视静坐为万能良药。事实上，静坐功夫的副作用很大，如果一味地静坐，很可能会流于虚无而不自觉。近代著名学者钱穆对王守仁一生的道德修养功夫进行了总结：王守仁一生教人，有几个转变。最初他为了收敛精神，让人心从杂念中解脱出来，教学者做静坐功夫。但稍后他意识到静坐会使学者喜静厌动，不免有恶事厌俗的倾向，于是专提"致良知"作为学问宗旨。

尽管王守仁后来纠正了静坐的错误，但他在滁阳时提出的静坐，在后世依旧产生了重大的影响。他的弟子聂豹就集成并发扬光大了静坐说。聂豹提出了以"归寂主静"为核心的思想体系，发展了王守仁之学。王守仁在滁阳教授静坐的内容，集中记载在《传习录》上卷中，因此钟情于静坐的聂豹与学者辩论时，常常引用《传习录》上卷的文字，对于《传习录》中下两卷则很少提及。台湾学者林月惠曾做过统计，聂豹引用王守仁之语主要集中在《传习录》上卷的第 7、30、45、62、67、88、112、114、119 条，都是王守仁在滁阳讲学时论"主静"之言。中国古人常说"六经注我"：用"六经"中的话证明自己所说是正确的。聂豹就以"六经注我"的态度，引用王守仁论"主静"的话，证明自己的"归寂主静"源自于王守仁。

正德九年四月，王守仁升任南京鸿胪寺卿，回到南京继续讲学授徒。由于此时拜王守仁为师的学者越来越多，心学的影响也逐渐扩大，坚持程朱理学的学者开始批评王守仁，阳明心学与程朱理学的冲突到来了。在家乡养病的黄绾，积极参与论战，调节双方的争论。

在这场论战中，批评阳明心学的人是魏校和他的门生。魏校（1483~1545），字子才，江苏昆山人，弘治十八年进士，历任刑部主事、广东提学副使、国子监祭酒等，所著《大学指归》《六书精蕴》等流传于世，是明代中期坚持程朱理学的著名学者。早在朱熹生前，就有理学与心学的争论。朱熹是南宋理学的集大成者，同时代的陆九渊提出了心学主张，朱陆两人曾因学术见解不同而辩论，历史上称之为"朱陆异同"，即理学与心学的异同。魏校出于维护程朱理学的权威，极力批判陆九渊之学，认为陆九渊之学是佛教禅学，违背了孔孟宗旨。他在任广东提学副使时，路过广东韶州的南华禅寺，看到佛教禅宗创始人慧能的金身，十分生气，认为慧能的禅学使一代又一代学者误入歧途，一气之下要捣毁传承千年的慧能金身，在僧人的反对中，他只烧掉了慧能的袈裟、捣碎了慧能的钵盂。佛教徒对他恨之入骨，有人说："魏校捣毁六祖慧能的衣钵，拆毁寺院无数，他因此没有子嗣。谁说佛祖没有报应啊！"

作为明代中期程朱理学的忠实继承者，魏校看到王守仁的心学影响日益扩大，许多年轻学者成为王守仁的拥护者，为了维护程朱理学的权威，魏校对王守仁的心学展开了尖锐的批评，甚至一度像他当年在广东捣毁六祖慧能的衣钵那样，提出了要烧掉王守仁的著述。透过魏校激烈的言辞，我们可以发现他主要是从两方面批评王守仁的心学的。

第一，他认为心学将道德修养说得过于简单，以至于在现实生活中，有弱化甚至不要道德修养的倾向。魏校在给学生的信中多次指出，王守仁的心学将道德修养说得过于简单，不知道在日常行为中作切实的道德修养功夫。事实上，要深入理解魏校对王守仁的批评，我们首先要掌握南宋时期朱熹和陆九渊的分歧，即朱陆异同。朱熹和陆九渊是同时代的人物，两人虽同属宋明理学范围，朱熹主张"性即理"，与北宋程颐并称程朱理学，而陆九渊主张"心即理"，与明代的王守仁并称陆王心学，他们是宋明理学中的最主要两派。事实上，两人生前对各自学术的差异就已经进行了公开的辩论。朱熹认为做学问的方法是"道问学"，由博返约，通过广泛获取知识从而达到豁然贯通的境界；陆九渊主张"尊德性"，强调学习首先要直指人心，确立学习的目的和信心，以求顿悟。南宋淳熙二年（1175）六月，朱熹与陆九龄、陆九渊兄弟等到信州（今江西上饶市）铅山鹅湖寺相会，讨论做学问的方法，史称"鹅湖之会"。在这次聚会之前，陆九龄告诉弟弟陆九渊："这次咱们与朱熹辩论学术异同，咱们兄弟两人要事先统一口径。"次日早晨，陆九龄说："我思考了一晚，越发感觉你说的对，我写了一首诗，'孩提知爱长知钦，古圣相传只此心。大抵有基方筑室，未闻无址忽成岑。留情传注翻蓁塞，着意精微转陆沉。珍重友朋相切琢，须知至药在于今'，以此概括我们的学问。"陆九渊说："这首诗很好，只是第二句'古圣相传只此心'，还有一些不妥。"陆九龄说："哪里不妥？咱们改。"陆九渊说："咱们不妨先去，我在路上再考虑怎么改。"到鹅湖之后，陆九龄首先将上一首诗说出来，刚说了一半，朱熹就说："陆九龄已经上了陆九渊的船了。"等哥哥陆九龄念完诗，陆九渊说："我也来和一首，'墟基兴哀宗庙钦，斯人千古不磨心。涓流滴到沧溟水，拳石崇成泰华岑。易简功夫终久大，支离事业竟浮沉'。"陆九渊念完诗，朱熹就很不快活了。第二天，双方激烈辩论。朱熹认为陆九渊的方法太简单，不切实际；陆九渊认为朱熹的说法太烦琐，支离破碎。

这貌似是朱熹和陆九渊两人有不同的做学问方法，但本质上是他们对天理有不同的理解。在朱熹那里，天理包含两层意思：一是客观事物的终极根据，二是人世间伦理道德的终极根据。天理与客观事物、人世间伦理道德的关系是"理一分殊"，世间每一个事物中都完整地具有天理，但由于组成具体事物的"气"不同，天理在事物中表现出来的"性"是不同的，但这种不同并不妨碍天理的存在。至于人心，朱熹认为是人的感觉和思维能力。他认为掌握天理的方法是通过今日认识一物的性，明日认识一物的性，终究有一天豁然贯通，把握天理。陆九渊对天理和心的理解与朱熹有着明显的区别。陆九渊认为天理只有一层含义，即天理是人世间伦理道德的终极根据，并不是客观事物的终极根据。心也不是人的感觉和思维能力，而是人的道德良心，即人世间一切道德规范的最终根据。因此，天理和心是合一的，"心即理"。由此可见，陆九渊的天理和心涵盖的内容只涉及道德领域，不包含客观世界。朱熹之所以侧重于"道问学"，先博后约，是因为他认为天理遍在于客观事物和主观规则之中，只有通过"道问学"，才能最终认识天理。

而陆九渊之所以主张"尊德性"，忽视知识积累，直指人心，是因为他的为学活动只是道德活动，在道德活动中只要认识自己的良心，也就是天理，以后的活动自然就会符合道德规范，对于没有良心的人来说，知道的知识再多，也不会做出有道德的举动。

魏校坚守朱熹的立场，认为做学问就要以刻苦的学习和实践来认识天理，除此之外，没有简单的方法；而王守仁延续了陆九渊的观点，认为做学问就是道德修养，只要确立了道德良心的地位，自然可以成为有道德的人。正因为如此，魏校批评王守仁将道德修养说得过于简单。对于魏校的批评，王守仁当然不认同。

第二，魏校认为心学是佛教禅学的翻版，违背了孔孟学说。由于佛教有出家、剃发、不从事生产劳动等传统，所以它传入中国以后，就一直饱受注重伦理道德的儒家的批评。唐代兴起的禅宗，对后来的宋明理学产生了重要影响。长久以来，中外学术界一直认为吸收借鉴佛教尤其是禅宗思想是宋明理学得以形成和发展的重要原因。如日本学者忽滑骨快天在其名著《中国禅学思想史》中就说："禅家之思想深浸民心，名贤之参禅加以硕儒之私淑禅。周敦颐、程颢、程颐等以儒禅为经纬，组织宋明理学。宋明理学之渊源发于此，是禅宗烂熟之结果。"禅，原本是佛教修行的基本方法之一。佛教中原本就有"戒定慧三学"之说，这里的"定"，就是禅定。唐代中期，慧能创立的禅宗迅速发展，至宋以后几乎成为中国佛教的代名词。禅宗历史上有著名的弘忍传法给慧能的"公案"。禅宗五祖弘忍晚年想找一个真正领悟佛法的弟子传之以衣钵，就让弟子们各自写一首"偈"，神秀写道："身是菩提树，心如明镜台。时时勤拂拭，莫使惹尘埃。"神秀的意思是：佛性如同菩提树和明镜台一样，是外在于人心的物体，人们只有像擦拭镜子那样，时时刻刻用功礼佛，才能使人心与佛性合二为一，得以解脱成佛。慧能认为神秀没有真正领悟佛法的精髓，就又写了一首："菩提本无树，明镜亦非台。本来无一物，何处惹尘埃。"慧能认为：佛性和人心实质上是一个东西，如果人心不执着，就是佛性，就能成佛；如果人心有执着，就不是佛性，就不能成佛，所以成佛的关键不是时时刻刻用功礼佛，而是觉悟到人心和佛性不二。二者相比，弘忍认为慧能真正领悟了佛法的真谛，就把衣钵传给了慧能。传法时，弘忍告诉慧能："不识本心，学法无益。识心见性，自然成佛。"这里的"识心见性"就成了禅宗的中心思想，意思是说：只要以智慧观照众生自心，就可以发现自己心中本来具有佛性。能做到这样，自然成佛；做不到这样，学再多的佛法，也不能成佛。

禅宗的"明心见性"对宋明理学尤其是陆九渊和王守仁的心学产生了重要影响，我们甚至可以说，没有禅宗的"明心见性"，就不会有后来的陆王心学。陆九渊思想的核心观点是"心即理"，是指每个人的道德良心与天理（社会公认的道德准则）是一致的，个人的道德良心就是天理。为了进一步说明"心即理"的含义，有一次在陆九渊讲学时，弟子詹阜民陪侍，陆九渊突然站起来，詹阜民也赶快站起。陆九渊问詹阜民说："谁让你站起来的?"詹阜民茫然不知如何回答。陆九渊对其他学生说："这就是'心即理'。"意思是说：詹阜民这个动作是出于一种自然具有的尊师之心而发的，不需要任何外在强迫，也无须经过逻辑思考，每个人现成具有的这种内在的道德意识就是天理。在此基础上，陆九渊提出了"发明本心"的修养原则，强调道德修养首先要认识到人心就是天理，发挥人心中善的潜质。王守仁在陆九渊"心即理"的基础上，进一步提出了

"心外无理"，即道德法则只存在于人的良心之中，而非客观事物之中，如"孝"的法则并不存在于父母身上，而是在子女的良心中；"忠"的法则并不存在于君主身上，而是在臣子的良心中。现实中的孝忠之举只是子女、臣子在自己的良心指导下对父母和君主进行的具体行为。对于具体的道德修养，王守仁提出了"致良知"，即扩展良心，使其指导自己的行为。

对比禅宗和陆王心学，我们会发现二者之间的确有很大的相似性。其一，禅宗说人心和佛性原本是一个东西，陆王心学认为人心就是天理。其二，禅宗说成佛的关键不是时刻用功礼佛，人心不执着，就是佛性，就能成佛，人心有执着，就不是佛性，就不能成佛，陆王心学认为道德修养首先要扩展良知，良知指导行为，就是圣贤，良知不指导行为，就是凡人。其三，佛教认为人人都有成佛的可能性，"一阐提人皆有佛性"，阳明心学更进一步，有"满街都是圣人"的说法。由此可见，陆王心学与佛教禅宗是脱不了干系的，前者在很大程度上模仿了后者的说法。当然，我们也不能因为陆王心学与佛教禅宗有相似性，就将二者画上等号。陆王心学之所以还属于儒学，是宋明理学的一个分支，是因为它的终极追求依旧是成就圣贤人格，而不是像佛教禅宗那样将出世成佛作为最终的归宿。它只是吸收借鉴了禅宗的思想资源，用以说明我们每一个人都具有与圣贤一样的潜质，只要我们觉悟，都可以成为圣贤。

正是由于上述所论心学与佛学之间的相似性，魏校极力批评王守仁背离了孔孟的传统，心学已经沦为佛学。他说："王守仁模仿禅宗，将佛学引入儒学的做法走得太远了。他大大抬高了人心的地位，虽然说法很吸引人，但将道德修养说得太简单、太快，忽视了刻苦的道德修养，使人们面临义利的原则时，很难坚守。"在此基础上，魏校追溯了宋代心学的主要代表杨简的错误。杨简（1141~1226），字敬仲，浙江慈溪人。曾任富阳县（今富阳市）主簿，因在慈湖旁建屋读书，人称慈湖先生，代表著作为《慈湖遗书》，是陆九渊门下最有影响的学生。杨简任富阳县主簿时，陆九渊路过，杨简问："什么是本心?"陆九渊回答："孟子讲恻隐之心，是仁的发端；羞恶之心，是义的发端；辞让之心，是礼的发端；是非之心，是智的发端。孟子讲的'四端'就是本心。"杨简又问："四端是本心，我自幼就知道，究竟什么是本心，请进一步说明。"此时有一桩卖扇子的纠纷告到县衙，杨简随即当庭裁断是非曲直。陆九渊便说："刚才你裁断此诉讼，是者知道其为是，非者知道其为非，这就是你的本心。"杨简听罢大悟。陆九渊所言，与上文提及的指导詹阜民是一致的。杨简死后，学说一直不被人注意，直到阳明心学兴起后，人们才注意到他的学说的价值。对此，魏校将杨简和王守仁合在一起，加以批评：孟子在世时，曾批评杨朱目无君长，墨翟眼中无父亲。杨简的行为未必像杨朱和墨翟那样可恶，但他的邪说完全是佛学的东西，危害性比杨朱和墨翟更甚。我曾说过，佛教让人出家为僧的做法违背天理，杨简已经背叛了孔孟而变成了佛教的奴才。杨简虽表面上遵从孔孟之道，但实际上他的文章是学禅宗"呵佛骂祖"以诋毁孔孟之道。这真让人痛心疾首呀！现而今，王守仁的学说盛行，使得学者连带着读他的文章，不将这些"阳儒阴释"的心学书籍烧掉，不知道还要误导多少后辈学者。

在魏校批评王守仁的时候，黄绾正在家乡养病。事实上，黄绾并不认识魏校，也不知道双方讨论的具体内容，只是偶然间看到魏校写给他的老师李逊庵的几封书信，信中提及对王守仁的批评。黄绾读罢，立即致信李逊庵，希望作为魏校老师的李逊庵能够从中调停，劝说魏校放弃门户之见，与王守仁共同昌明儒学。在信中，黄绾首先承认自己是王守仁的拥护者，随后话锋一转说，多年的交往使他深知王守仁的学问以去除人欲对良心的干扰为主旨，既高明又脚踏实地，一般人未亲身实践才认为它是禅学。其次，黄绾以宋明理学的代表人物思想的差异说明学术差异是正常现象。周敦颐、张载、邵雍、程颢、程颐是北宋理学的代表，有"北宋五子"之称。黄绾说："二程兄弟的学问不同于周敦颐，邵雍、张载之学也不同于程颢、程颐，甚至程颢、程颐两兄弟之学也不完全一样，但他们殊途同归，学问的根本是相同的，也都是孔孟之道的继承者。又如司马光、吕诲、韩琦等人，虽然各自的政治主张不同，一度争吵得十分激烈，但都为了北宋朝廷的安危而同舟共济，岂能将他们完全对立起来？至于朱熹和陆九渊，他们之间确实有学术观点的差异，但他们的学术观点甚至两人的关系都不是水火不容的，朱熹提倡的'道问学'和陆九渊提倡的'尊德性'是完全可以相互借鉴、相互利用的，只是朱熹的弟子们把朱陆的差异扩大化了。到了后世，朱熹的学问成为科举考试的依据，学者纷纷诵读朱熹弟子们的著作，才以为陆九渊之学是禅学。殊不知，自古以来，儒家的学问哪有不讲道德良心的呢？儒家的学问不讲道德良心，还是儒家的学问吗？"再次，黄绾指出魏校不应批评王守仁，而应与王守仁一道弘扬宋明理学。黄绾说："朱熹的说法正确，就要按照朱熹所说的做；陆九渊的说法正确，就应该按照陆九渊所说的做。如果魏校和王守仁相互攻击，受损的是儒学；如果魏校和王守仁摒弃门户之见，共同弘扬宋明理学，那么宋明理学一定会发扬光大。"

在致信李逊庵居中调停的同时，黄绾又写信给与魏校有交往且正在南京任职的好友邵锐，希望邵锐能从中调解，劝说魏校不要陷于"门户之争"，而应与其共同昌明圣贤之学。信中所写的内容与前一封信大体相同，只是突出了王守仁与魏校争论的严重后果。黄绾说：当今学者大多专注于科举之学，真正传承孔孟之道的精髓、弘扬宋明理学之人少之又少。在这仅有的几位学者中，如果再因为学术见解的不同而争论不已，像世俗之人一样争吵不休，受损的只能是圣贤之学。我虽然未与魏校亲自交流过，但素闻他才华出众，希望他不要陷于"门户之争"，而应与王守仁一道担当起弘扬圣贤之学的重任。

受魏校的影响，王守仁的弟子王道与王守仁、黄绾坚信的心学渐行渐远。王道先后两次写信给黄绾，委婉告知自己开始怀疑王守仁之学，并希望黄绾就魏校、王守仁之间的学术异同发表意见。黄绾立刻致信王道，阐述心学的正确性。在信中，黄绾首先指出，自古以来道德良心是圣贤之学的根本。孔孟之学涉及领域很广，贯穿古今学术、政治、文化、民生等各个领域，但核心只有一个：道德良心。道德良心既内在于每个人的心中，十分微妙，又决定了道德规范和政治法律制度，甚至"四书""五经"等儒家经典也由它产生。道德良心运用得当，宇宙就能有序运转；运用不得当，天地万物就会混乱。当今学习孔孟之道的学者，都应当向内心用力，将追求道德良心作为做学问的指南。如果反其道而行之，向外用力，追求华丽的文章，探讨奇妙的世界，就会产生种种欲望而蒙蔽道德良心。所以自古以来的各位圣贤都将去除人欲作为最重要的学问。朱熹和陆九渊两位前辈学者都在弘扬这种学问，只不过两人的出发点不同，有所差异罢了。如果后代学者以一方所说为是，另一方所说为非，按照一方所说行事，排斥另一方所说，不知道融合两人的观点以追求最完善的学问，就大错特错了。其次，黄绾教导王道不要像魏校那样陷入门户之争，做无益于圣贤之学的事情。王道在给黄绾的信中说魏校所言无一不与《四书集注》相吻合。黄绾说：如果能去除蒙蔽道德良心的人欲，成为圣贤那样的人，不论是何人的学问，我都会遵从；如果不能去除蒙蔽道德良心的人欲，成为圣贤那样的人，即使是圣人之言，我也不会轻信。朱熹所言有用，就会遵从朱熹所言；陆九渊的观点有益，就会遵从陆九渊的观点。如果你不追求真理，党同伐异，会认为自己学派所言无论如何都是对的，其他学派所言无论如何都是错的。孔孟绝不会如此，我们也不应当如此。

不知何故，王道没有回复黄绾的信，黄绾于是再次致信王道，希望已经偏向魏校的王道能来信介绍魏校之学，以便详细比较魏、王两人学术异同，借机再次劝说王道。王道还是没有回信，两人的讨论到此为止。

后来，黄绾将自己与王道的两次通信告诉王守仁，王守仁随后回信黄绾，详说王道背叛心学，投入魏校一方的经过。正德七年，王守仁在南京任太仆寺少卿时，与王道来往较为密切，两人几乎每个月都要相见探讨学问，只要是内心认为要规劝王道，王守仁必定要说出来，没有考虑王道能不能接受。王道或许因此心中有所不快，但王守仁自感所言无愧于天地。后来王道要求到北京任职，王守仁才觉得以前的说话方式有一些不妥。不过王守仁依旧认为朋友之间相互帮助，岂能如此心胸狭窄，相互算计，相互提防？这才忘记以前的不快。后来屡屡有人告诉王守仁，王道背叛心学，甚至有人为此愤愤不平，王守仁都坚持以前的看法，但在内心还是盼望王道能回心转意。后来有人传来王道在北京诋毁心学的种种言辞，王守仁认为是有人趁机夸大其词，挑拨师徒之间的关系，不一定是出自王道之口。王守仁以前严厉对待王道，是出于道德良心而非私心，纵然王道今日反对王守仁，也应该出于道德良心而非私心。如果以前王守仁出于私心而不批评王道，王道今日出于私心而指责王守仁，天地良心何在？世间普通人为了避免矛盾，往往会违背良心而维持表面的和气。王守仁要告诉弟子们的是：王门师徒之间绝不如此，纵使日后会成为仇人，当前所作所言都要按照良心而出。

在信中，王守仁还将刚刚思考的"立诚"传授给黄绾。"修辞立其诚"出自《周易·文言》："君子进德修业。忠信所以进德也。修辞立其诚，所以居业也。"宋代以前的学者一般把"修辞立其诚"中的"修辞"理解为修饰文辞，"修辞立其诚"是指通过修饰文辞而建立诚信。但宋明理学对"修辞"的理解与前人不同，认为"修辞"有"修省言辞"和"修饰言辞"两种含义，"修省"有省察己过之意，而"修饰"则只是语言表达技巧，前者注重内省，后者注重外饰，因此理学家们都赞同"修省言辞"而反对"修饰言辞"，认为"修辞立其诚"是指通过在心中省察自己的过失，使"诚"的品德建立起来。《传习录》中记载：有弟子问王守仁如何理解"修辞立其诚"。王守仁说："如果一个人在有人注意的时候，按照道德良心行事，没人注意时就不按照道德良心行事，甚至做出违背道德良心的事情，那这个人就太虚伪了。在有人注意和没人注意时都要按照道德良心行事，这个道德良心就是'诚'的萌芽。这个萌芽是善恶的分水岭和试金石，把握住这个萌芽，就能正本清源，就是'立诚'。"王守仁告诉黄绾，他最近一段时间向弟子们着重讲解了"立诚"的含义。俗话说："杀人要在咽喉上下刀。"当今学者也要找到做学问的"咽喉"所在，它就是"立诚"两字。只要能做到"立诚"，时刻按照道德良心行事，即使是在物欲横流的世界中，也可以把握住自己做人的方向。那些平日里自以为学问渊博、作风正派的学者，却不知自己满嘴仁义道德却时刻做着违背良心的男盗女娼之事，真可悲呀！透过最近发生的事情，可以看到我辈学者所学的心学，正是在良心上用力的"立诚"之学。

后来，向王守仁求学的黄绾的泰州老乡林典卿、林彝卿兄弟回乡省亲，临行前与王守仁告别，王守仁在临别赠文中再次让林氏兄弟返乡后将"立诚"之言告诉黄绾。

黄绾居家期间，与王守仁的妹夫徐爱交往密切。正德十年，王守仁之父王华七十大寿，此时王守仁正在北京任职，无法回家为父亲操办寿庆，王华的女婿徐爱承担起寿庆事宜。徐爱致信在黄岩的黄绾，请他为王华七十大寿撰写一篇《序》，黄绾写成《实翁先生寿序》。一年后，徐爱又请黄绾为其祖父徐廷玉撰写墓志铭，黄绾写成《徐府君墓志铭》。

正德十二年五月，就在黄绾写成《徐府君墓志铭》之时，年仅三十一岁的徐爱暴病去世，黄绾陷入深深的悲痛中。徐爱去世后，岳父王华将其葬于山阴，后来他的父母也被王华接到山阴一起居住。王华在祭文中对逝去的爱婿说："我修好了东边的房屋，让你的父母、妻子居住，你的妻子朝夕不离我的身边，你的父母也可以安享晚年。"当时正在江西赣州前线的王守仁得知徐爱的死讯后，悲恸不已，连写两篇祭文。王守仁还将自己为徐爱撰写的祭文抄送给黄绾。次年，黄绾撰写了《祭徐曰仁》，缅怀好友。正德十五年，黄绾、郑善夫等人游览绍兴时，专程祭拜了在绍兴迪埠山麓的徐爱之墓，众人共同撰写《祭文》一篇，怀念逝去的友人。

正德十六年正月，五十岁的王守仁在江西南昌处理平定宁王朱宸濠叛乱的后续事宜。在处理军务之余，王守仁正式提出了"致良知"说。王守仁在龙场悟道后，就常说"良知"，但他这时候所说的良知，基本上是沿袭孟子的说法，如"不假外求""良知之发""充塞流行"等，这些都是孟子的基本用语。因此，我们只能说王守仁龙场悟道后，虽对"良知"两字有一定的领悟，但还没有直接提出"致良知"说。从这一年起，王守仁开始自觉地宣传他的致良知。据记载，王守仁此时十分高兴，他说："自龙场悟道以来，我的学问核心就是'良知'两字，只是没有将这两个字明确地说出来，以至于讲学时常常要费一番周折说明。现在悟到'致良知'一词，高度概括了我的学问，学者也很容易理解，真是痛快。从此以后，用'致良知'概括我的学问宗旨就可以了。"

这个让王守仁手舞足蹈的"致良知"，由"良知"和"致良知"两方面的内容构成。

"良知"一词的最早来源。"良知"一词最早出自孟子之口。《孟子》中有："人之所不学而能者，其良能也；所不虑而知者，其良知也。"孟子的"良知良能"是指人的天赋道德观念。他认为小孩子爱亲敬兄的道德感情，是与生俱来的，不待学习就有的。在他看来，恻隐、羞恶、辞让、是非之心，也是与生俱来的，善守而勿失。扩展这"四心"就可以成仁义礼智四德，这是人之别于禽兽之所在。孟子也把良知良能称为良心。在古代，"良知良能"与"良心"，异名而同实。王守仁的"良知说"，在理论渊源上，继承了孟子的"良知良能"。王守仁也经常引用孟子关于"良知良能"的说法。

王守仁的"良知"的第一层含义。内在于人心且能知善知恶。孟子的良知说包含两层含义：一是"不虑而知，不学而能"，良知是天赋予人的本能，不是外部强加给人的，良知是人心的内在品质；二是"是非之心，人皆有之"，良知就是人心判断善恶的准则。二者合起来就是良知——"内在且知善恶"。事实上，王守仁对良知的理解与孟子是一样的。他不承认良知是外在东西的内化结果，而是把良知看成人本有的内在特征。具体说来，良知是人的内在的道德判断和道德评价体系，具有指导、监督、评价、判断的作用。为了说明良知的内在性，王守仁还常说"见在良知"，所谓"见在"，即现在，见在良知就是现在就有的良知，不必通过苦思冥想得来，而是即刻当下的良知。

王守仁除了认为良知是内在于人心的，还认为这个内在于人心的良知具有知善知恶的功能。对此，王守仁说："我那一点点良知，是我自己一切行为的准则，我的意念所在，对便是对，错便是错，善便是善，恶便是恶，所有一切都瞒不过它。我只要按照良知去做，自然是非对错分明。"

总之，良知是人内心的是非之心，它是每个人都先天具有的，不是通过学习、思考而得到的，因此良知存在具有先天性和内在性，并且良知还是行为善恶的判断标准。

王守仁的"良知"的第二层含义。每个人都有良知且良知超越时空永恒存在。虽然良知是"内在于人心且能知善知恶"，但也许会有人认为良知不是普遍存在的，过去有，但现在的时代不同了，良知就不存在了；中国有，外国人没有中国的文化，也就没有良知。事实上，王守仁指出，良知普遍存在，每个人都有良知。他说："无论是孔孟还是愚蠢至极的人，都有良知，自千古以前以至于万代之后，所有的人都具有相同的良知。"这说明，良知是超越万古、宇宙等时空限制的永恒存在。这如同说，尧舜之心、孔孟之心是永恒的，永远活在当今的世界。从这个意义上说，良知具有遍在性和超越性，是无所不在、永恒存在的。

王守仁的"良知"的第三层含义。良知使得每个人都有成为圣贤的可能性。根据前面王守仁对良知的属性的界定，人人心中都具有知善知恶的良知，且这个知善知恶的良知是亘古不变的，因此无论是过去、现在还是未来，你、我、他都可能成为圣人，按照王守仁的话说，就是"满街人都是圣人"。一天，王守仁与弟子王艮外出游览。王守仁问王艮："此次游览你见到了什么？"王艮回道："见到街上的每一个人都是圣人。"王守仁说："你见到街上的每一个人都是圣人，街上的每一个人见你也是圣人。"又有一天，弟子董澐从外面回来，对王守仁说："今天见到一个怪事。"王守仁问："什么怪事？"董澐说："见到街上的每一个人都是圣人。"王守仁说："这有什么好奇怪的，本来就是这样的。"

"致良知"的含义。从字面上看，王守仁的"满街人都是圣人"是说每一个人都是圣人。但是按照常识，这是不可能的，那么是什么原因造成了满街人不都是圣人呢？其中的原因就在于"致良知"。

"致"是中国古代常用的一个词，朱熹的解释是"尽其极也""推极也"。王守仁对"致"的解释大体与朱熹一致，即推极、极致、扩充至极。所以说王守仁的"致良知"，就是推广扩充自己的良知，把良知扩充到日用伦常中去。有一个事例可以说明什么是致良知。嘉靖三年正月，王守仁在绍兴。当时的绍兴知府南大吉也是王守仁的学生。南大吉性格豪爽，不拘小节，常犯一些小错误。他对心学有所理解，就告诉王守仁："我处理绍兴的事物，有许多错误，你为何从不批评我？"王守仁反问："你犯过什么错误？"南大吉历数自己犯过的错误。他说罢，王守仁说："我也说过了。"南大吉不解："你刚才什么都没有说，都是我在说话。"王守仁说："我不说，你何以知道自己犯过的错误？"南大吉回答："我的良知告诉我那些是错误。"王守仁说："良知不是我常说的吗？"从此以后，南大吉十分注重反省自己的过错。后来，南大吉又问王守仁："行为上的过错可以免去了，但我心中的过错如何免去呢？"王守仁回答："你真正体会到良知的作用，按照良知的指挥去做，自然不会再有坏念头。这个良知是成为圣贤的关键呀！"南大吉历数自己的过错，到后来不再犯错误，再到反思如何去掉坏念头，这就是一个良知不断扩展的过程，由认识到错误，到预防错误，再到从根本（心）上解决错误，这不正是良知不断发生作用，不断彰显，不断使人向圣人方向靠拢的过程吗？这一过程，正是良知扩展的过程。再举一个事例。在浙江的一次讲学中，天气很热，王守仁看见一些学生把扇子放在一旁，汗流浃背地在记笔记。他就走过去，将扇子拿起递给学生。学生很受感动，但却不敢接受，因为学生上课打扇子，不合当时的敬师之礼。王守仁再次把扇子拿起来，放到学生手里，然后笑着说："这就是良知。"

从理论上来看，王守仁的致良知是说得通的，但在现实社会中，致良知并不是必然的，社会上存在着大量的不善之人和不善之事。为了解决致良知的理想和现实之间的差距，王守仁指出，致良知之所以不能实现，是因为良知常常要受到私智物欲的阻隔，使得人们不能按照良知行事。因此，致良知的关键又在于去其私智，克服私欲对良知的障蔽，以恢复良知本来面貌。

正德十六年六月，王守仁完成平定宁王朱宸濠叛乱的后续事宜，升任南京兵部尚书，遂上疏请求回乡省亲扫墓。得知王守仁回绍兴的消息后，黄绾立刻从黄岩启程前往绍兴。在绍兴见到王守仁后，黄绾向他请教学问，王守仁教给他"致良知"说，听罢，黄绾大为叹服，从此称王守仁为老师。

关于黄绾正式拜王守仁为师的时间，历来有两个说法：一是正德十六年秋，黄绾在绍兴听王守仁讲"致良知"后，为之折服，正式称弟子。黄宗羲的《明儒学案》认可这一观点；二是嘉靖元年春，黄绾正式拜王守仁为师。《王阳明年谱》、民国时期学者荣肇祖的《王守仁门人黄绾》、现代学者陈来的《有无之境》坚持这一观点。无论哪种观点正确，一个不变的事实是：正德七年黄绾在北京结识王守仁时便接受了王守仁的学说，直到王守仁从江西回到绍兴后，黄绾才正式拜王守仁为师。

正德七年，黄绾结束了人生第一次为官的经历，从此之后隐居在家乡浙江台州府黄岩县达十多年。如果说此前王守仁、湛若水、黄绾三人在北京的论学，使黄绾开始步入王守仁心学的殿堂，那么在家乡隐居的这十多年中，黄绾通过参与王守仁与魏校的辩论，开始了独自消化吸收王守仁心学的过程，到王守仁自江西回绍兴时，黄绾以听王守仁讲"致良知"为契机，拜王守仁为师，正式成为阳明学派的主要成员。

第3章

礼议与维权

重入仕途与上疏议礼

正德十六年（1521）三月十四日，年仅三十一岁的明武宗朱厚照去世。在他任皇帝的十六年中，各种荒诞离奇之事层出不穷，不但使明朝内忧外患的形势日趋加重，在历史上有"正德危机"之说，而且损害了自己的健康，无嗣而亡。正德十四年，江西宁王朱宸濠效仿明成祖朱棣，趁武宗荒于政事，起兵造反，沿长江而下，意图攻占南京。趁此机会，武宗自封为"威武大将军"，率兵亲征。此时正在江西南部剿匪的王守仁迅速调兵北上，仅仅数月就平定了宁王的叛乱。孰料武宗玩心不减，又让人通知王守仁将朱宸濠释放，由自己亲自再将他抓获。在群臣的反对下，这一视国家大事为儿戏的荒诞举动才没有实行，但武宗依旧逗留江南肆意玩乐。正德十五年，武宗在清江浦（今江苏淮安市）垂钓，不慎掉入水中，虽被左右救起，但身体每况愈下。回到京城之后，武宗照旧纵情荒淫，身体日益虚亏，数月之后病死。

由于武宗没有子嗣，他死后朝廷立刻陷入空前的立嗣危机，以至于皇位空缺长达三十七天（三月十四日至四月二十二日）。在朝廷内部各种势力的博弈后，明武宗的母亲和内阁首辅杨廷和决定，由近支的皇室、武宗的堂弟朱厚熜继承皇位，改年号嘉靖。朱厚熜（1507～1567），宪宗第四子朱祐杬的二儿子。明宪宗的第三子（前两子夭折）是孝宗。孝宗只有一个儿子，即武宗。

由于兄终弟及，因此世宗即位后，武宗与世宗生父朱祐杬两人的"礼制"问题立刻凸显出来。黄绾就是在这样的背景下，结束了在家乡十多年的隐居，重新步入政坛，进入权力的核心。世宗即位后，面对的是武宗留下的危机四伏的局面，宁王叛乱使江西等地备受战火肆虐，东南沿海的倭寇和北方的蒙古人的威胁日甚一日。如果说这些问题尚能拖延一段时间再解决，那么另外一件关乎朝廷礼制的大事则一天都不能拖延，这就是谁是世宗皇考（即宗法意义上的父考），以及世宗生父尊号的问题。由于这涉及中国封建王朝最为重要的礼制，因此历史上将围绕此问题产生的争论称为"大礼议"。

嘉靖元年，虽然朝廷内部因"大礼议"而争论不休，各派政治势力斗争日趋激烈，但隐居在家的黄绾依旧忙着心学的事情。同年二月，王守仁的父亲王华去世。黄绾得知王华去世的消息后，无法启程参加葬礼，写了《祭实翁先生文》以追祭之。

黄绾在家隐居时，还为明代另一位心学大师陈献章及其弟子所作的诗歌集《心贺》作《心贺序》。弘治年间，黄岩人柯昌邀请陈献章及其弟子作诗歌集《心贺》。柯昌，字廷言，浙江黄岩人，陈献章的好友。弘治十二年（1499），时任阳江县（今广东阳江市）知县的柯昌为表彰南宋末年著名抗元将领张世杰的事迹，在阳江县修张世杰墓，并在墓前建"赤坎祠"。墓建好后，柯昌派人前往江门拜见陈献章，请他为赤坎祠撰写记文。陈献章因病无法完成，致信柯昌，称赞他为张世杰修墓建祠的举动是有助于民风教化之举，同时告知自己因病无法满足他的请求。虽然陈献章没有写成《赤坎祠记》，但是陈献章写了《寄贺柯明府》诗，同时将诗分发给自己的学生，让他们就柯昌为张世杰修墓建祠一事赋诗，最后汇成诗集，陈献章以"心贺"命名。在《心贺序》中，黄绾一方面记述了乡人柯昌为张世杰修墓建祠的义举，另一方面缅怀张世杰抗元的英雄事迹，称赞张世杰的抗元之举"掀宇宙、泣鬼神"，其心磊落与"秋霜烈日"相辉映，其节操是后世臣子的榜样。

　　虽然此时黄绾隐居在家，但他早已预料到正德末年、嘉靖初年时局的变动，并对是否出仕、何时出仕等，有了自己的主见。早在武宗南巡之时，黄绾已经开始关注时局。他在给时任吏部考功郎中闻渊的信中说："武宗正在南巡，但尚未'立嗣'，此事关乎朝廷稳定，至关重要，你和各位大臣对此事有何看法？如果事情考虑详细，用人得当，防备小人，朝廷自然能从容应对。但你们一定要做好准备，防备'事出仓猝'，不知你们对此有何高见？"由此可见，黄绾在武宗在世之时，已经预料到会"事出仓猝"，并且会因"立嗣"引发朝廷震动。当他的好友赵渊告知他将要出任四川按察司佥事时，黄绾回信说明了自己对此时出仕的看法：在时局动荡中洁身自好，甚至出仕为官做一番事业，都不是难事，难的是我们心中要有坚定的方向，在时局动荡中坚守自己的节操，使自己不随波逐流。如果我们做不到这一点，卷入政治纷争且又不能坚持原则，岂不是会很狼狈？如果我们心中真有坚定的方向，此时更应该"待价而沽"，待到最有利的时机，迅速出击，以求最大的利益。"待价而沽",一语道尽黄绾此时的心态!

嘉靖元年秋,在黄绾好友、时任山东监察御史的朱节的推荐下,黄绾再次出山,任南京都察院经历。好友郑善夫得知黄绾即将复出后,致信黄绾:当今世宗刚刚即位,有意于做一番事业。此时如果有人首先倡导,必会得到皇帝的支持,群臣也能响应,你也能够"安其位、行其志"。在这非常之时,你一定要好好考虑做事的方式方法,不要拘泥于旧的思维。虽然我们无法得知黄绾读到好友郑善夫来信时的心情,但"不要拘泥"的告诫,正是黄绾日后行事的指南。

同年十月,黄绾在祭告祖先后,启程前往南京赴任。途中,经过绍兴,拜会老师王守仁。在黄绾到来之前,郑善夫致信王守仁,告知他自己也将赴南京任职,并说将路过绍兴,完成亲自向王守仁请教的心愿。王守仁早已知道郑善夫有意于心学,且曾经来绍兴却未能见到王守仁,得知郑善夫要来,王守仁十分高兴,让黄绾在绍兴等候郑善夫,然后一道前往南京。黄绾在绍兴等候郑善夫一个月,也未等到郑善夫,无奈只得先行。嘉靖二年正月,黄绾抵达南京,任南京都察院经历司经历。

在随后的一年中,黄绾在这一职位上未有显著的政绩,却与在绍兴的王守仁书信来往密切,商讨交流心学。黄绾致信王守仁,询问"察著之教"。"察著之教",出自《孟子·尽心上》中的:"行之而不著焉,习矣而不察焉,终身由之而不知其道者,众也。"成语"习焉不察"(也作"习而不察")就出自这句话,意思是说:时时刻刻在做,但却不明白这样做的原因;已经养成了习惯,但却不知道习惯的来源,一辈子这样做却不知道所以然的人是很多的。南宋的朱熹认为"习焉不察"是正确的方法。朱熹认为,在行事之前,就知道原因,是

"行之而著"；在行事之后，认识到依据，是"习矣而察"。只有尹伊、周公、孔、孟这样的圣人才能做到"行之而著"和"习矣而察"，对于常人而言几乎很难实现。常人大多先在日常中做事，做着做着，自然明白这样做事的道理。这如同平常侍奉父母，最终只是不知其然的做一些具体的孝顺之事，到后来自然知道为什么要孝顺，也就不会再做不孝之事了。在这个问题上，王守仁与朱熹的观点大体一致。但王守仁的弟子陆澄提出了疑问。陆澄认为：朱熹说只有孔孟才能"行之而著"和"习矣而察"，常人只能做到"习焉不察"，这是可以理解的。但历史上的张良、董仲舒、诸葛亮、范仲淹等人，在道德和政绩上都远超于常人，为什么不认为他们也做到了"行之而著"和"习矣而察"，依旧将其作为"习焉不察"的人呢？王守仁指出，圣人和常人一样，都是良知在心中。如果没有物欲的蒙蔽，按照良知的指挥行事，每一个人都是圣人。常人之所以是常人，原因在于常人的良知受到了物欲的蒙蔽，不能按照良知的本来面目行事。张良、董仲舒、诸葛亮、范仲淹等人的良知很少被物欲蒙蔽，所以才能做出超越常人的道德和政绩，但这不能说他们没有一丝一毫的人欲的蒙蔽，只是比常人少罢了，因此他们不能等同于圣人。如果他们认识到自己和圣人之间的差距，那他们就去除了那一丝丝的人欲，成为圣人了。后世学者认为他们尚且有人欲，成为不了圣人，那么常人想做到"行之而著"和"习矣而察"，简直比登天还难。这是言过其实呀！这种观点是不对的。因为后世学者错误地将读书写文章理解为"著"和"察"，这不是圣人所说的"著"和"察"，在身心上用功，了解人心中良知的本来面貌，并按照良知行事，才是真正的"著"和"察"，做到这样，就自然是圣人了。王守仁解答陆澄的疑问后，又将这番话告知黄绾。黄绾又回信告知自己的理解，所言一如王守仁所说。

　　同年，王守仁在信中告诉黄绾：近日在给薛侃、马明衡、黄宗明等弟子讲《孟子》中的"乡愿狂狷"章时，对"圣人之志"有新的理解，希望黄绾闲暇时能来绍兴，一道讨论"圣人之志"的问题。"乡愿"出自《论语·阳货第十七》中的："乡愿，德之贼也。""狂狷"出自《论语·子路第十三》中的"不得中行而与之，必也狂狷乎！狂者进取，狷者有所不为也。"《孟子·尽心下》记载了孟子对"乡愿狂狷"的解释："孔子不得中道而与之，必也狂狷乎。狂者进取，狷者有所不为也。……阉然媚于世也者，是乡愿也。""乡愿"是指没有原则，只知道媚俗的人；"狂"是指过于激进，做不到中庸的人；"狷"是指过于保守，做不到中庸的人。由此可见，"乡愿狂狷"是孔孟不认可的行为。上文提及，嘉靖二年春会试时，会试考官为贬低和打击心学，就以心学作为会试的《策问》题目。参加会试的王守仁弟子徐珊愤而离开考场，钱德洪因此未被录取。钱德洪回到绍兴，王守仁安慰他说："无论我们如何讲学宣传心学，也无法让天下学子知道，但通过这次会试，天下学子都会知道有一个心学。他们越说心学之非，越会激起学子们了解心学的好奇心，这岂不是成就了心学！"王守仁虽然说得如此轻松，但他心中未必真如此轻松。此后不久，王守仁和弟子邹守益、薛侃、黄宗明、马明衡、王艮等人讨论学问，弟子们提及当时非议心学的人越来越多，王守仁反问弟子：为何非议心学的人越来越多？有人说是因为王守仁被封为新建伯，权势很大，招来了嫉恨；有人说是因为王守仁的心学影响越来越大，有超过程朱理学的势头，招来了非议；有人说是因为王守仁的弟子越来越多，也会招来猜忌。王守仁听罢说："你们说得都对，我只想说说你们没有提及的原因。正德七年之前，我还有一点'乡愿'的意思，而今我只信良知，自己的良知认为是对的，就一定是对的，良知认为是错的，就一定是错的，丝毫不加以掩饰。在俗人看来，这样的我的确有一些'狂者'的味道，但我不需要任何掩饰，我只按照我的良知行事。"弟子们接着问："什么是乡愿狂狷"？王守仁回答："所谓乡愿之人，就是在君子面前装作忠信廉洁，而在小人面前，又表现出同流合污的样子。你要说他不对，又举不出例证来，你要指责他却又无可指责。如果追究他的内心，就会发现他表现出忠信廉洁只是为取悦君子，他装作同流合污只是为了不违背小人，他完全没有了良心，所以不能向他讲圣贤之道。所谓狂者，就是心中有尧舜禹直至孔孟相传的圣人之志，一切世俗的人欲杂念都不能蒙蔽他的良心，一旦他克服了最后一点点人欲，立刻就是圣人。但当他不能克服最后一点点人欲时，则会有不拘束小节的行为。正是这种不拘小节之行，恰恰说明他的良心未被世俗杂念污染。"由此可见，在王守仁眼中，狂者之所以为"狂"，是因为他按照自己的良心行事，而不是迎合世俗的观点；乡愿之所以为"乡愿"，在于他们早已丧失了自己的良知，一味地媚俗。所以王守仁认为自己是狂者，甚至以狂者为荣，而那些诋毁他和他的心学的人，在王守仁眼中只不过是人云亦云、没有原则的乡愿之人罢了。

尽管王守仁以"狂者"自居，但他自己深知"狂者"容易招来嫉恨，因此他写信告知在南京致力于传播推广心学的黄绾，让他在日常行事和讲学中，要以谦虚、简明为佳。如果自以为有过人之处，会招来嫉恨，有害无益。他在给弟子薛侃的信中，再次告诫弟子们：自古以来，真正有学问的人，即使不说话也能让人接受他的学问，即使身处困境也能磨炼他的意志，不要争一时一言之高低。

就在黄绾在南京忙于推广心学之际，接连得知两位好友去世，深受打击。首先接到的是推荐他再次为官的朱节的死讯。嘉靖二年，朱节任山东监察御史，负责剿灭山东土匪的军务。朱节到任后，亲自督战，一鼓作气剿灭山东境内的土匪，但也因此积劳成疾，死于任上。黄绾闻讯后悲痛万分，连续作《奠朱白浦御史文》《哭朱白浦御史》等多首诗文祭奠好友。黄绾尚未完全从朱节去世的悲痛中解脱出来，一个更让他心碎的消息传来：挚友郑善夫因病去世。黄绾任南京都察院经历司经历后，与朱节等人催促郑善夫也复出为官，郑善夫随即赴南京任职，刚离家不久就得病，行至武夷山时，遇到风雪，粮食断绝，病情日渐加重，不得已转而回家，到家二日后病逝。黄绾在南京得知消息，悲痛万分。后来郑善夫的家人请求黄绾为其作传，黄绾作《少谷子传》，记述了郑善夫一生五次转变方才闻圣贤之学的经历，文中还详细回忆了二人相识、相知、相游的过程。在《少谷子传》的结尾，黄绾写道：郑善夫天资聪颖，且有志于圣贤之学，无奈英年早逝，真是圣贤之学的一大损失呀！

世宗即位后不久，就下旨让朝臣为其亲生父亲拟定尊崇称号，以杨廷和为首的内阁和以毛澄为首的礼部官员认为虽然孝宗和朱祐杬同为宪宗的儿子，但孝宗（武宗之父）是"大宗"（中国宗法社会以嫡系长房为"大宗"，其他儿子为"小宗"。大宗是法定继承者）。为了保证"大宗"传承不断，建议朱厚熜改称孝宗为"皇考"（皇父），而称自己的亲生父亲兴王朱祐杬为"叔父"。这一建议实质上是将朱厚熜过继给孝宗，使其成为武宗的弟弟，武宗去世后没有子嗣，按照古代"兄终弟及"的传统，朱厚熜继承哥哥武宗的皇位。这一建议未能获得世宗朱厚熜的同意。张璁、霍韬、席书等人支持世宗，主张称世宗亲父为"皇考兴献帝"。(世宗父亲朱祐杬生前封兴王,死后谥号"献",大礼议后称"兴献帝")。双方经过几番博弈,在正德十六年十二月达成妥协,世宗称孝宗为"皇考",但不称亲生父亲为"皇叔",也不称"皇考兴献帝",而是折中改称"本生考",以示与称孝宗"皇考"的区别。

第一次"大礼议"发生在正德十六年,此时黄绾尚在家乡隐居,未参与此次争论。嘉靖三年正月,时任南京刑部主事的桂萼、张璁等人上疏,再次挑起"大礼议"。桂萼上《正大礼疏》,请求将孝宗由"皇考"改为"皇伯考",世宗亲父朱祐杬"本生考"改为"皇考",世宗母亲称"圣母",武宗称"皇兄"。这一奏疏从根本上改变了正德十六年时世宗和武宗朝臣达成的协议,将孝宗由"皇考"降格为"皇伯",世宗的生父朱祐杬升格为"皇考",这也意味着当年宪宗不是将皇位传给了孝宗,而是传给了世宗的亲父朱祐杬,朱祐杬又将皇位传给了世宗朱厚熜。世宗将桂萼的上疏交付文武群臣商议,杨廷和见世宗有意变更前次大礼议的决定,又因谏言罢免在苏杭掌管织造事务的宦官,未被采纳,遂又上疏请求辞官回乡,世宗顺势允许杨廷和辞官。尽管杨廷和辞官,但在北京的官员依旧一致反对桂萼的上疏,世宗只得令桂萼、张璁、席书等人火速从南京来北京,参与大礼议。张璁、桂萼等在南京闻讯,不待动身就立刻上疏。三月,世宗颁布诏书:尊称父亲为"本生父皇考恭穆献皇帝"、母亲为"本生母章圣皇太后"。这时,张璁、桂萼已行至凤阳,从邸报上看到诏书,意识到,加上"本生"两字决非皇上的本意,一定是礼官的阴谋诡计,随即上奏世宗,建议去掉"本生"两字。六月,张璁、桂萼至京师,被擢任翰林学士,方献夫为侍讲学士,席书为礼部尚书。七月,世宗采张璁、桂萼等议,派司礼监太监谕内阁去掉"本生"二字。世宗去"本生"二字的圣旨颁布后，引起了一场很大的风波。朝臣纷起上疏谏阻。一时间各部尚书、侍郎、员外郎、主事、司务等二百二十人跪伏于左顺门候旨。世宗命司礼监太监传旨劝令其退去，群臣要求世宗收回诏书。世宗再次下令命群臣退去，群臣仍跪伏哭号，企图迫使世宗屈服。面对左顺门的严峻形势，世宗行使皇权，采取镇压措施。先将为首者翰林学士丰熙、给事中张翀等八人逮捕，又逮五品以下官员一百三十四人下狱，命四品以上八十六人待罪。锦衣卫奉诏拷讯丰熙等八人，将其贬为庶民。其余四品以上者夺俸，五品以下者杖责。被杖致死者十六人。历史上将这一事件称为"左顺门哭谏"。随后，世宗正式颁布诏书定皇家大礼：孝宗为"皇伯考"，孝宗的皇后为"皇伯母"，世宗之父为"皇考"，世宗之母为"圣母"。大礼之议，世宗终于战胜朝臣，取得全面的胜利。

值得注意的是，王守仁的弟子在这场大礼议中扮演的角色。据当时的统计，在长达数年的大礼议中，反对世宗的官员有七百多人，前后上疏三百余次，而支持世宗的，仅数人而已。支持世宗的官员，大体分为三类：一是张璁、桂萼等三人，作为当时微不足道的低级官吏，积极推动了大礼议。二是王守仁的弟子霍韬、席书、方献夫、黄绾、黄宗明等，他们占议礼派的主体。在王守仁的弟子中，反对世宗的仅有一人，即邹守益。三是太监崔文、监生何渊、锦衣校卫聂能迁等逢迎之辈。由此可见，王守仁学派是大礼议中的一支不可忽视的政治力量。因此后世学者在研究这段历史时，十分重视以下问题：王守仁本人在大礼议中采取的究竟是何立场？王守仁是否影响了大礼议的进程？王守仁的弟子们支持大礼议的理论依据是什么？例如，近代著名学者章太炎曾指出：明朝灭亡起始于世宗，而王守仁纵容弟子在大礼议中阿谀奉承，导致后来世宗专权，对明朝灭亡也负有重要责任。

王守仁的弟子在大礼议中的做法是否真如章太炎所言那样后果严重姑且留给学者们研究吧！但不可否认的事实是，黄绾积极参与大礼议，先后三次独自上疏，其后又与张璁、桂萼、黄宗明三人联合上疏，鼓动世宗改定大礼，并为改定大礼寻找理论依据。

第一次是嘉靖三年二月十二日，因与世宗观点不合，首辅大臣杨廷和辞官，世宗顺势批准。尽管如此，礼部尚书汪俊依旧联络官员上疏，仍持杨廷和原议。此时尚在南京的黄绾上《大礼第一疏》，支持改定大礼。这道奏疏从四个方面说明需要改定大礼。

首先，利用中国传统的"灾异"观念，说明改定大礼的现实必要性。汉代以来，中国文化中形成了"灾异"观念。这个观念认为，上天是世界的最高统治者，皇帝是上天委任的人世间的最高统治者，所以皇帝又称为"天子"。皇帝在人世间的一举一动，都要受到上天的监督，如果上天发现皇帝统治人世间有功绩，就会降下"祥瑞"，即各种吉祥的事物，用以鼓励表彰皇帝；如果上天发现皇帝统治人间有过错，就会降下"灾异"，即地震、水旱灾害等，用以警醒皇帝改正过错。这一观念在中国影响深远，甚至至今还有人相信。黄绾在奏疏中强调，作为国家主要粮食产地的江淮地区，自去年春夏干旱少雨，秋冬季又洪水泛滥，颗粒无收，以至于百姓饿殍遍野、流离失所。虽然皇上下令开仓赈灾，但灾情依旧十分严重。去年的天灾导致今年开春以来农业生产大受影响，今年估计还有损失。臣曾考察灾情，灾民一致说数百年都没有遇到这么严重的水旱连灾。臣认为，之所以现在会出现百年不遇的灾害，原因在于天人是相通的，人世间万事祥和，自然风调雨顺，人世间有明显的错误，上天自然会以"灾异"示警。去年江淮地区的水旱灾害是上天警示我们做错了重要的事情。这个事情无疑就是"大礼"。

其次，利用古人对《春秋》中的"鲁跻僖公"事件的批评，说明改定大礼的历史依据。鲁文公六年（前621），鲁国举行宗庙大礼。鲁国朝中文武百官，车马相接，浩浩荡荡来到宗庙。正殿供着鲁国先祖牌位，文公恭敬地在僖公牌位前祭拜。他见僖公的牌位在闵公下，就命人挪到闵公之上。闵公和僖公均为鲁庄公的儿子，闵公先继承国君之位，后传位给兄弟僖公，鲁文公是僖公之子。原来牌位顺序是按在位先后排列的，闵公在前，僖公在后。文公将僖公调到闵公之前的做法是不合乎礼制的。朝中群臣面面相觑，不敢直言。柳下惠见状，急步上前说："犯了错误却不害怕，将来一定会有祸患。"文公脸色一变，但转念一想，自知理亏，只好仍按原来顺序把牌位放好。尽管及时改正了错误，但后世人依旧批评文公的错误做法。孔子在《春秋》中说"跻僖公，逆祀也"，即文公将僖公的牌位放到闵公之前，是违背礼制的举动。黄绾说："文公只是将自己父亲的牌位提前，孔子就认为这已经违背了宗族顺序，批评为'逆祀'，现而今皇上称自己的父亲为'皇考'，却有人反对，这岂不是比文公移动牌位更严重的'逆祀'吗？"

第三，利用儒家"推己及人"的仁爱原则，说明改定大礼的伦理依据。儒家一向推崇仁爱，但儒家的仁爱依据的是"推己及人"的原则，即每一个人都深爱自己的父母和子女，将这种感情推广到其他人身上，就是仁爱。"老吾老以及人之老，幼吾幼以及人之幼"是这种"推己及人"的仁爱原则最好的说明。黄绾说："如果像他们所说，陛下不称自己的父亲为'皇考'，那么作为儿子您心何以安？不仅您于心不安，天下所有的人都会深深体会到您爱自己父亲的感情，他们都不会安心。"

第四，利用"君臣一体"的观念，说明改定大礼的政治依据。在传统中国政治中，理想的君臣关系是"君臣一体"，上下齐心协力共同治理国家。如果君臣悬隔、上下猜忌，那么政令就不会畅通，国家就不能有效治理。据此，黄绾说：君臣犹如一个人的身体，皇帝是头脑，大臣是皇帝的心腹，御史言官是皇帝的耳目。在身体中，各个器官之间连通顺畅，就不会得病，如果连通不顺畅，则会百病丛生。皇帝与大臣之间的关系也是这样的，上下齐心协力，国家就会得到有效治理，臣子不听从皇帝的指挥，自然会弊政丛生。现今一些大臣不能理解国家政体的根本所在，盲从少数人的谬论，造成君臣上下的猜忌，对于国家政治百害而无一利。

最后，黄绾慷慨激昂地说：陛下当从天理、历史、人心、政治等大局出发，当机立断，下旨让礼官重订国家祭祀大礼，严令群臣同心协力做好本职工作，不要走向党同伐异的不归路。

第二次是嘉靖三年二月二十八日，《大礼第一疏》尚未得到世宗的回复，黄绾又上《大礼第二疏》。在这道奏疏中，黄绾除了重复《大礼第一疏》的四条理由外，又新加了一条理由：皇位由天定，而不是仅仅由孝宗→武宗这一条血脉决定。黄绾说：孟子曾说过"民为贵，社稷次之，君为轻"，这是说上天确立君主是为了百姓的利益，而非为了一条血脉之私利，所以说孔子在《春秋》中重视皇位的继承是在维护百姓的利益。事实上，因为涉及评定前任皇帝的功过，黄绾在这里并没有把话说得十分清楚。黄绾的意思是：上天设立皇帝，是为了保护百姓的利益，如果皇帝不能保护甚至严重触犯百姓的利益，上天自然要惩罚他，没有子嗣继承皇位就是惩罚的办法之一。武宗在位十六年，荒废政事，百姓造反、藩士起兵接连不断，因此上天惩罚他，让他没有子嗣继承皇位。这一切都是上天的安排，反对议礼的大臣怎么能为了武宗一人的私利而违背上天的意志呢？

黄绾上《大礼第二疏》不久，世宗罢免了反对议礼的礼部尚书汪俊，命支持议礼的南京兵部右侍郎、王守仁的弟子席书任礼部尚书。席书（1461~1527），字文同，号元山，四川省蓬溪县吉祥乡人。弘治三年（1490）进士，授山东郯县知县，历任河南按察司佥事、贵州提学副使、礼部尚书等职。王守仁"龙场悟道"时，任贵州提学副使的席书最早接受了王守仁的思想，并请王守仁为贵州学子讲学。在杨廷和、汪俊先后离职后，在南京的黄绾致信王守仁，就二人离职发表自己的看法。黄绾在信中说：当今的世宗处理政事时，从容斟酌各种得失，从不感情用事，具有尧舜的潜质。杨廷和、汪俊等人不但不用心辅佐世宗，造福百姓，反而处处掣肘，消磨世宗的锐气，这岂是大臣该做的事情？因此他们被罢官免职，都是罪有应得。御史程启充、毛玉是他们的爪牙，在正德十六年处理平定朱宸濠叛乱的善后事宜中，此两人迎合杨廷和，上疏排挤、陷害您。杨廷和离职后，此两人终究会受到惩罚。

同年三月，由于北京官员一致反对世宗改定大礼，加之桂萼、席书等支持者尚未到北京，世宗只得做一些让步，加上"本生"两字，称父亲"本生父皇考恭穆献皇帝"、母亲为"本生母章圣皇太后"。黄绾此时尚在南京，得知世宗的让步后，再上《大礼第三疏》，反对加"本生"两字，理由如下：

第一，这一做法导致出现两个"皇考"，有违常理。黄绾指出：孝宗称为"皇考"，世宗生父称为"本生皇考"，看似解决了两人的尊称问题，但事实上十分矛盾。"皇考"是指皇帝的父亲，现在世宗有了两个父亲，一个是孝宗，一个是湖北的"本生"父亲。一个人既有父亲，又有一个"本生"父亲，实在是闻所未闻！

第二，这一做法不合传统宗法制度。传统宗法制度中有"君统"和"宗统"的区别。宗法制度是卿大夫士的继统法，与天子诸侯无涉。所以他把君统与宗统分开，认为天子诸侯的继统为君属于君统，卿大夫士的继统才是宗统，而宗法制度是指后者说的。在卿大夫士的宗统继承制度中，如果某一支没有子嗣，可以另寻一近亲继承，即后来人们常说的"过继"。但天子诸侯的世袭制度中没有"过继"一说，这是因为天子诸侯之位是"天下之公器"，不能和世俗家族继承相提并论。现今有人说世宗被过继给了孝宗，继承孝宗的皇位，这混淆了"君统"和"宗统"的根本差别。

第三，这一做法正是孔子极力批评的鲁文公私自调整其父牌位的"逆祀"之举。上文已有论及，兹不赘述。

第四，这一做法不利于国家长治久安的大计。西周时，周懿王在世时，长子姬燮懦弱无能，因此周懿王没有按照传统立其为太子。后来周懿王病死，一些大臣认为，先王不立子燮为太子，是因为他少才无德，不具备为王的资格，应该重新推选王族中有德望的人为王。经过商议，大家一致同意推选皇叔辟方为王，这就是周孝王。周孝王不负众望，南征北讨振兴了周朝。周孝王去世后，诸侯又依据父死子继的定例，重新立周懿王的长子姬燮为王。黄绾认为，周朝之所以会出现如此王位继承，都是为了国家长治久安的大计。现今如果仅仅是为了延续孝宗的子嗣，而不顾国家的未来，就会犯本末倒置的错误。

第五，反对改定大礼者援引朱熹的《通鉴纲目》中记载的汉定陶王、宋濮王之事，不足为凭。朱熹的《通鉴纲目》记载：汉成帝临终前无子，立侄子定陶工刘欣为太子，刘欣即位后，以成帝为"皇考"。宋仁宗无子，过继濮王赵允让之子赵曙为子嗣，赵曙即位后，也尊仁宗为"皇考"。杨廷和、毛澄等人以此为例，说明世宗应该尊孝宗为"皇考"。黄绾指出：朱熹的《通鉴纲目》记载的这两件事不足为凭。这是因为《通鉴纲目》只有《凡例》是朱熹亲自撰写，其他内容都是朱熹的弟子赵儿道编纂的，朱熹甚至没有看过赵几道编纂的内容，因此书中所言非朱熹本意，故不能以此为依据。

黄绾上《大礼第三疏》后不久，又与张璁、桂萼、黄宗明等三人联合上疏，奏请世宗要遵从父子之大伦，坚持继承明代皇位而不是继承孝宗子嗣，应称孝宗为"皇伯考"，孝宗皇后为"皇伯母"，去掉生父朱祐杬尊称"本生皇考"中的"本生"二字，称"皇考"。世宗看到奏疏后，十分高兴，数月后下诏，按照黄绾等人的建议，确定了大礼。

虽然黄绾等人是大礼议的"推手"，但这并不意味着他们一味迎合世宗的需求，事实上当世宗提出要将父亲的陵墓由湖北迁往北京十三陵时，黄绾等人极力反对。正德十四年，世宗的父亲兴王朱祐杬在湖北王府去世，葬于封地安陆县（今安陆市）。嘉靖三年大礼议刚刚结束，百户随全、录事钱子勋奏称湖北陵墓的风水不好，应当迁葬北京十三陵。世宗命礼部召集各位大臣商议此事。黄绾上《止迁献帝山陵疏》，反对迁陵。他在奏疏上说：自古以来，风水之说就与儒家思想不相吻合，因此儒学之士耻言风水；兴献帝死后葬于封地安陆县，符合明代制度；十三陵已经安葬了多位明代皇帝，较为拥挤，因此不宜迁葬。张璁、席书等人也上疏反对迁葬，此事才作罢。但世宗按照皇陵的规格重修父亲陵墓，命名为"显陵"。至此明代皇陵分作三处：南京明孝陵、湖北安陆县明显陵、北京十三陵。

作为席书、黄绾、黄宗明、方献夫等议礼派的老师，王守仁在此次大礼议事件中的态度很值得玩味。大礼议期间，黄绾曾把自己"议礼"的三道奏疏寄给在绍兴的老师王守仁，据史料记载王守仁只有两个字的评语，"明甚"。其他弟子霍韬、席书、黄宗明等人先后问王守仁对大礼议的看法，王守仁均不予直接置评。只是写了《碧霞池夜坐》和《夜坐》两首诗。

碧霞池夜坐

一雨秋凉入夜新，池边孤月倍精神。

潜鱼水底传心诀，栖鸟枝头说道真。

莫谓天机非嗜欲，须知万物是吾身。

无端礼乐纷纷议，谁与青天扫宿尘？

夜坐

独坐秋庭月色新，乾坤何处更闲人？

高歌度与清风去，幽意自随流水春。

千圣本无心外诀，六经须拂镜中尘。

却怜扰扰周公梦，未及惺惺陋巷贫。

诗中的"无端礼乐纷纷议，谁与青天扫宿尘"和"千圣本无心外诀，六经须拂镜中尘"，道出了王守仁对大礼议的真实态度：世宗从自己的孝心出发，坚持尊称生父为"皇考"，这种做法是符合千古圣人相传的良心的，因此是正确的。反对者坚持以往的惯例，让世宗尊孝宗为"皇考"，这种观点既是泥古不化之举，也违背了良心的本来面目。事实上，只要从良心出发，自然能够在争论中拨云见日。

然而，王守仁言而不明的态度，在后世学者中引起了很大的争论。明清之际的学者陆世仪在《思辨录辑要》中高度评价了王守仁对"大礼议"的态度：这是王守仁超出常人高风亮节之处。大礼议时，只有张璁和桂萼的观点正确。如果王守仁此时表态，不知又要生出多少波折。礼制首先要合乎天理，天理是礼制的根本，礼制是天理的表现。后世学者只知道遵循历史上的成例，而不知道制定符合良知的礼制，才导致了大礼议的争论。王守仁的"无端礼乐纷纷议，谁与青天扫宿尘"，道出了反对改定礼制者的错误。清代著名学者阎若璩则认为王守仁授徒不当：因议礼而获罪的，多是李东阳的弟子，以议礼而高升者，多是王守仁的弟子。李东阳传授给弟子们的是文学，但弟子们能严格遵守古代的礼制，王守仁传授给弟子们的是理学，但弟子们却不能坚持礼制，以迎合世宗而博取功名利禄。

明世宗嘉靖的前三年，可谓是黄绾一生的重大转折点。在这期间，由于世宗坚持不愿遵循前朝老臣定下的称孝宗为"皇考"的规矩，坚持改定礼制，使得一批官位不高的王守仁弟子获得了仕途的转机。当然我们不能否认这其中也许有个人仕途升迁的动机，但王守仁的弟子大多支持改定礼制的事实说明：心学主张良知即天理，认为心中的良知是我们行动的依据，这使他们更容易接受改定礼制的主张。作为心学忠实信徒的黄绾，显然也是其中的一员。

《明伦大典》与推举阳明

"左顺门哭谏"事件标志着明世宗以强硬手段改定了"大礼"，黄绾等议礼派官员取得了这场斗争的胜利。政治斗争基本告一段落后，世宗命议礼派官员着手编纂《明伦大典》，从理论层面回击反对者的批评。

编纂《明伦大典》最早要追溯到黄绾的《知罪录》。嘉靖三年五月是人礼议斗争最激烈的时候,黄绾综介自己在大礼议中的奏疏、观点、言论,写成了《大礼私议》,阐述自己对大礼议的总体看法。后来,黄绾将论大礼的三道奏疏、《大礼私议》及其他四篇相关奏疏,合编为《知罪录》三卷并刊刻流行。对于为何取名"知罪",黄绾解释说:为官者见到不合天理之事,理应上疏言事,这是职责所在,不能说有罪。有人认定我有罪,那我也不好辩称自己无罪,但不辩解绝不意味着我承认自己有罪。我把自己在大礼议中所言记录下来,让后世之人评判我是否有罪吧!

在黄绾编写《知罪录》总结大礼议理论依据的启发下,嘉靖四年七月,礼部尚书席书上疏世宗编纂《大礼集议》。席书说:自正德十六年以来,撰文论证改定大礼的官员有张璁、桂萼、方献夫、霍韬、黄绾、黄宗明、熊浃等人,希望能将他们的奏疏和文章编订成书,以便让世人了解改定大礼的原因所在。世宗很快同意了席书的建议,让其编纂《大礼集议》。

席书为编纂《大礼集议》,派人向黄绾索取其关于"大礼议"的奏疏和文章,黄绾于是将刚刚编好的《知罪录》交给席书,供其编纂《大礼集议》用。年底,《大礼集议》五卷编成,世宗下令颁布天下。《大礼集议》的颁布,并没有终止群臣的议论,大臣常常上疏言及此事。为彻底结束争论,嘉靖六年,世宗命张璁等编纂《大礼全书》,并于同年改名《明伦大典》。

《明伦大典》的编纂者大多是世宗的支持者,黄绾也是编纂者之一。黄绾此时正在家乡养病,得知被任命为《明伦大典》的编纂官,黄绾写信给王守仁,请示是否应该担任这一职务。王守仁回信赞同黄绾参与:其一,"议礼"中肯定有不太恰当之事,你们自始至终参与了"议礼",更应该趁此机会加以修饰。其二，席书有眼疾，方献夫和霍韬有其他事务，如果你再不参与，事情恐怕难以办成，势必会让世宗不满。其三，君子不应只想到自己洁身自好，而应对得起自己的良心。在王守仁的劝说下，黄绾赴京担任编纂官。

事实上，编纂《明伦大典》只是世宗打击反对者的环节之一。与此同时，世宗以王邦奇案、陈洸案等系列案件，对反对议礼的官员发起了大规模的清洗。杨廷和在任时，曾将一位叫王邦奇的锦衣卫千户降职为"锦衣卫带俸署百户"（没有实际职责，只是拿百户的俸禄），对于这个处分，王邦奇一直耿耿于怀，所以杨廷和一退休，他就伙同其他人不断鸣冤叫屈，要求恢复职位。嘉靖六年二月，王邦奇上疏，指责杨廷和为"奸党"，指责杨廷和的次子、杨慎的弟弟兵部主事杨惇，以及杨廷和的女婿余承勋、义子叶桂章均是奸党。世宗趁机将杨惇等人下狱，虽然叶桂章正在家乡守制，也火速派锦衣卫解押进京。陈洸案与此类似。可以说，《明伦大典》的编纂与朝廷中的清洗相配合地打击议礼的反对派，只不过《明伦大典》是从理论上进行的，而上述案件是从人事上开展的。

世宗下诏编纂《明伦大典》时，已经定下了打击反对派的完整计划。世宗在下令编订《明伦大典》的圣旨中说：之所以取名《明伦大典》，是因为通过该书要实现"明人伦，正纲纪"的目的。但世宗也知道，朝廷中众多受到严惩的官员很难因这部书就心服口服。因此他又让张璁在编纂时将议礼过程中各位官员上疏的内容一一列出，并加上评语。此时正是世宗集中清洗反对者的时候，世宗这样做，其用意是非常明显的，即以清晰、明确地列明官员在议礼中的表现来作为日后用人的依据。简单地说，此书以法典形式，叙功论罪，以完成世宗想要的人事安排。

按照世宗的指示，张璁在叙述每一次争议和奏疏后，以"史臣曰"的形式评述每一位朝臣的功罪。这一做法在席书编纂的《大礼集议》中已经有了，只不过席书的评论不能让世宗满意，所以世宗才下令编纂《明伦大典》。由此，张璁以嘉靖三年二月杨廷和辞官为界，分别评述前后两段时间中各位大臣的表现。对杨廷和辞官之前，张璁说杨廷和操纵群臣违反了之前达成的尊称世宗生父的共识。杨廷和辞官归家之后，不能再将责任推给他，张璁就逐一指责群臣所犯的错误。张璁这样做的意图是：把群臣在议礼中所达成的共识描绘成被某些人操纵下的结党行为。这一做法实际上配合了当时世宗对反对派的政治大清洗。

　　嘉靖七年六月，二十四卷的《明伦大典》编纂完成，世宗下令颁布天下，算是对世宗即位七年多时间内的议礼争议做了一个总结。虽然这部《明伦大典》以封建王朝最高命令的形式裁定了所有人在大礼议中的功罪得失，但后世人对此书的评价却不高。例如，清代编写的《明史》和《四库全书》都赞同杨廷和等人的主张，以世宗改定称呼为非，认为张璁编纂的《明伦大典》是邪说。

　　《明伦大典》颁布后，世宗对有关人员论功行赏，黄绾由四品詹事府少詹事升任三品詹事府詹事。黄绾祖上也受到朝廷的封赐。祖父黄孔昭赐赠礼部尚书、谥号"文毅"；父亲黄俌赐赠通议大夫、詹事府詹事兼翰林院侍讲学士；亡妻钟氏赐赠淑人。

　　伴随着黄绾等王守仁弟子在大礼议中的升迁，王守仁的弟子们开始极力向朝廷推荐王守仁，希望赋闲在家的王守仁能被朝廷重用，参与行政中枢事务。正德十六年，王守仁自南昌归家省亲扫墓，等候进京封赏的命令。当年，时任内阁大学士的杨廷和是程朱理学的忠实信徒，十分反感王守仁宣讲的心学，加之王守仁功劳很大，有"功高震主"之嫌。于是，朝廷下旨不允许王守仁进京，只给了他南京兵部尚书的闲职，封"新建伯"爵位，但并不兑现每年一千石的俸禄，也不给新建伯的"铁券"。这样，王守仁实际只是得到了一个"新建伯"的空名头，没有任何实际价值。王守仁随后上了一道措辞虽婉转、态度却强硬的《辞封爵普赏恩以彰国典疏》，要求辞去"新建伯"的空名头。奏疏呈上后，朝廷下旨：加封王守仁曾祖父王杰、祖父王伦、父亲王华三代"新建伯"。这样，为朝廷挽回江南半壁江山的王守仁，只得到一个"新建伯"的虚名就赋闲在家了。

由于之前打压王守仁的杨廷和已辞官归家，王守仁的弟子们也因为支持世宗议礼而迅速升居高位，便有学生站出来要求朝廷重新起用王守仁。嘉靖四年二月，王守仁的弟子、时任礼部尚书的席书上疏推荐王守仁和杨一清，还特别称赞王守仁有"定乱济时"的才干，孰料世宗只起用了杨一清，王守仁依旧赋闲在家。七月，应天巡抚都御史吴廷举荐王守仁文武全才，应掌管南京都督府都。这一建议也未被采纳。

同年，西南少数民族因土官和流官之争爆发起义。元朝政府在云南、贵州、两广、湖广以及四川等地的苗、瑶、彝、傣等少数民族聚居区设立土司制度进行管理。明朝延续了元朝的土司制度，在西南诸省设宣慰使、宣抚使、安抚使、土知府、土知州、土知县等官职。这些土司官职，大多由各族的首领世袭。土司的世袭性造成割据势力的事实存在，土司间为争夺领地、承袭权常常仇杀、内讧。自明朝中期开始，中央政府积极在西南诸省矛盾比较突出的地区推行改土归流。所谓改土归流，是指改土司制为流官制。土司即原民族的首领，流官由中央政府委派。改土归流的主要内容是改土司为府、州、县，由中央派官员治理，或废府、州、县中的土官，全部由流官统治，负责丈量土地，额定赋税，设兵防守等事务。由此，流官和土司常常发生矛盾，引发了西南少数民族的抵抗，广西、湖南、湖北、四川、贵州、云南等省的叛乱层出不穷。嘉靖四年，西南少数民族再次爆发起义，规模巨大，涉及广西、湖南、贵州、湖北等省，朝廷派二十万大军清剿，两年多下来，花费百万，只收复了一个州，五十天后再度沦陷，一无所得。

嘉靖六年五月，在明政府束手无策之际，有人向朝廷推荐赋闲在家的王守仁。世宗下旨命王守仁以南京兵部尚书兼都察院左都御史，总制两广、江西、湖广军务，前往征讨广西土司起义。此时王守仁已经五十六岁，身体状况也不好，正在病中，上疏辞职。王守仁在给黄绾的信中说明辞职的两条理由：其一，近年来体弱多病，尤其是咳嗽日甚一日，实在承受不了兵车劳顿之苦，一旦病倒在路上，会贻误军机大事。其二，当年跟随自己在江西征战的将士，大多未受到朝廷封赏，生活困顿，甚至还有人至今蒙受牢狱之灾，有何脸面再带领他们出征两广？可能是明朝廷实在找不到能够领军征战的将领了，便不顾王守仁再三请辞，依旧让他领兵出征。王守仁不得已，只好起身，九月，领兵进入两广境内。

王守仁领兵出征后，黄绾立即上《明军功以励忠勤疏》，历数王守仁对大明王朝的功劳，正德十六年来蒙受的不白之冤，以及值此危难之际不顾体弱多病毅然出征的忠心，希望世宗能从四方面犒赏王守仁：其一，召王守仁来京，与杨一清等人共同辅佐朝政；其二，念王守仁体弱多病，另行委派官员处理两广军务；其三，发还王守仁新建伯的俸禄和铁券；其四，犒赏当年江西平叛有功之臣。世宗看到奏疏后，打算按照黄绾奏折执行，但杨一清和桂萼害怕王守仁来京后削弱自己的权力，就暗地里劝阻世宗。最终，黄绾的四条建议中的离开两广来京任职未予采纳，其他得以执行。

远在两广军中的王守仁得知黄绾上疏举荐自己入京，致信黄绾：首先，感谢黄绾为自己申冤、为将士争功之举。其次，王守仁认为两广叛乱，本无大事，只是以前官员处理不当才酿成大患，自己很快将平定叛乱。诚如王守仁所言，他到广西后，经过访问调查，制定了正确的平叛策略，两个月就平定了思恩、田州的少数民族叛乱。其三，王守仁告诉黄绾，来广西后，自己身体每况愈下。其四，王守仁要黄绾与朝中各位大臣融洽相处，不要因自己不能赴京任职而心生怨恨，伤了和气。

嘉靖七年十月，王守仁的肺病和足疮加剧。他本来就是带病出征，繁重的军务使他日夜操劳不止，加之广西气候的炎热，更加重了他的病情。而随军的医生又以水土不服为由，中途辞归。自此，王守仁得不到治疗，以致遍身肿毒，昼夜咳嗽不息，每日仅强吞数匙稀粥，稍多即呕吐，不得已上《乞恩暂容回籍就医养病疏》，请求回乡养病。但王守仁的请求没有得到批准，于是他不等朝廷令下，就由南宁起程回浙江。

王守仁抗命返回后，写信告知黄绾这样做的原因：其一，思恩、田州的少数民族叛乱已经平定，善后事宜也都做完，完全可以返回了。其二，疾病日甚一日，归之唯恐不及。在信中，王守仁委婉地请黄绾将自己的处境告知朝中诸位大臣，希望他们能够体谅其归家之心。

当年十一月二十五日，王守仁过梅岭至江西南安，此时他的病情已很严重。王守仁弟子、时任南安推官的周积于二十九日来探望王守仁，王守仁坐起，咳喘不已。周积请安，问其身体状况，王守仁说："我要去了。"周积哭着问遗言，王守仁微笑说:"此心光明,亦复何言!"过了一会儿,瞑目而逝,终年五十七岁。

在嘉靖四年至七年中,黄绾做的两件事影响较为深远:一是编辑的《知罪录》成为《明伦大典》的榜样。在大礼议中,黄绾的地位虽然不如张璁、桂萼、席书三人重要,但在一个重要问题上,他们都不及黄绾,即汇编大礼议的观点占据舆论的主导地位。大礼议尚在进行中,黄绾已经将自己的观点、奏疏汇编成《知罪录》,系统地阐发自己对议礼的看法。这一做法被席书的《大礼集议》继承,后延续到《明伦大典》中,从而系统总结了议礼派的观点,批评了反对者,占据了舆论的主导地位。二是他利用大礼议中得到的政治地位,极力推荐王守仁参与朝政。大礼议后,黄绾的政治地位显著提升,他随即开始向世宗推荐王守仁参与行政中枢事务,虽然因种种原因未达到目的,但这也使人们不得不重新评价王守仁的功劳。

治理黄河与为王学正名

嘉靖六年大礼议基本结束时,黄绾任大理寺左少卿。明代大理寺是中央最高司法复核机关。大理寺的权限有三方面:一是复核刑部和都察院移送的各省案件。二是复审刑部及都察院直接审理完结的京师案件。三是复审全国斩、绞监候案件。大理寺设正三品大理寺卿一名,正四品少卿两人。黄绾任正四品大理寺左少卿,是当时主要的司法官员。

黄绾任职大理寺后,很快上《论刑狱疏》,针对当时司法刑狱中存在的问题,提出了相应的解决办法。黄绾首先回顾了明朝设立"照驳""圆审"制度的初衷和具体内容。明太祖朱元璋起自民间，深知百姓艰难和司法公平的重要性，因此参考汉唐以来的司法制度又不拘泥于此，设置刑部负责刑事缉拿审判，都察院负责审查和判决，大理寺负责复核。凡是刑部定罪的案件，须将罪犯连同案卷一并送大理寺复核。如审理得当、犯人认罪就批准审判，否则驳令改判，称为"照驳"。这里的"照"，是指参照罪情和法律。如有发现审判不当者，发回重审。如果反复三次所判仍不允当，就要纠问其原判案之官；如果发现冤情或犯人翻供，就改让其他衙门审理，再次审理，犯人依旧翻供不服，则会奏请"九卿圆审"。关于"九卿圆审"，《大明会典》记载得十分清楚：凡是地方上报的重大疑难案件，罪犯经过二审后仍不服判决者，由三法司长官（刑部尚书、大理寺卿、都御史）会同吏、户、礼、兵、工各部尚书和通政使组成会审机构共同审理，判决结果奏请皇帝审核批准。但随着时间的推移，各级司法官员心存懈怠，不能严格执法，以至于常常发生冤假错案，使无辜之人遭受刑罚，让平民百姓心惊胆寒。黄绾说：自今日任大理寺左少卿后，请求世宗准许其严格执行《大明会典》中规定的"照驳"和"圆审"制度。如发现有贪赃枉法者，一律弹劾治罪。

为具体落实《大明会典》中规定的"照驳"和"圆审"制度，黄绾提出了六条具体实施方法：

其一，各级衙门缉捕、审查案件时应该严格遵守法律和条例，但如果犯人所犯之罪超出了法律和条例的规定，或者法律和条例规定不符合实际情况，应该及时上报刑部、都察院和大理寺，奉上级指示办理。

其二，各级司法审判机关负责确定罪名和刑罚，其中大理寺负责复核，职责尤为重要，因此上述衙门的官员要十分精通法律和条例。以后大理寺和其他司法审判机关新进人员，均需学习法律和条例半年以上，考试通过后方可办理案件，已经任职的各级官员，限期三月内考试通过，不通过者，调至其他衙门任职。

其三，近年来刑部常发生严刑拷打致死事件，监狱中常有死囚被上报病死狱中，然后偷偷释放。因此，应规定刑部禁止严刑拷打。监狱中确有生病者，由监狱官员请医治疗，不治而亡者，都察院要验明正身。监狱每月要上报犯人情况，都察院审核。监狱要改善环境，不得使犯人在监狱中感染瘟疫死亡。

其四，近年来司法审判往往迁延多日，百姓深受其累。今后限期办理结案，大事限期二十日，中事限期十日，小事限期五日。如限期不能结案者，有关官员要受到惩罚。

其五，近年来地方各级官员好大喜功，将轻微案件说成重大案件，上报上级裁决，上级发现案情不严重，又打回审理，如此往复，既加重了百姓负担，又增加了司法机关的负担。以后规定，除抢劫、盗劫、杀人等重大案件上报外，其他案件均由下级机关审理，不得上报。

其六，地方衙门上报材料常常超过期限，为规避处罚，往往会修改卷宗。按照《大明会典》规定，这种行为都要严加处罚。但有些事情确实有情可原，各地远近、道路不同，难免会超过期限，以后要根据各地情况，给予一定宽免期限。

世宗看到《论刑狱疏》后，十分满意，批复称：此中所言，不违法律又体恤民情，符合朝廷量刑要慎重不滥的原则，各司法衙门照此执行。

黄绾上《论刑狱疏》后不久，又针对当时严重的黄河水患上《论治河理漕疏》。自古以来黄河水患给中原地区的地理环境、社会发展和人民生活带来了巨大灾难，其中以南宋初年的"黄河夺泗水入淮"（或称"黄河夺淮入海"）影响最为重大。

南宋建炎二年（1128），东京留守杜充为抵御金兵南下，在河南滑县李固渡（今河南滑县西南沙店集南三里许）以西掘开黄河大堤，滔滔黄河水由决口滚滚东流注入泗水，又经徐州以东的淮河河道流入大海。至咸丰五年（1855），长达七百多年间，不但给河南、山东、江苏、安徽等地带来了深痛的灾难，还严重影响了南北漕运的畅通。唐宋以来经济重心南移，富庶的江南日益成为历代王朝主要的税赋供应地。明代建都于北京，这一情况显得尤为突出。京师仰食于江南，漕运更见重要，江南漕粮的北运成为明王朝的经济命脉。江苏境内的黄河河道既是黄河入海通道，又是南北漕运必经之路，因此治理黄河和疏通漕运就成了明政府最为重要的事务。

世宗即位后，江苏境内的黄河一再决口，不仅给当地百姓带来了沉重的灾难，还严重影响了漕运畅通。黄绾上《论治河理漕疏》，以求解决水患和漕运问题。嘉靖二年七月，黄河在江苏沛县决口，周边广大地区遭遇大水灾。为了避开黄河泛滥溃决对漕运水道的威胁，嘉靖六年，左都御史胡世宁提出了在昭阳湖旁开一新河的建议。而黄绾的《论治河理漕疏》洋洋洒洒数千字，核心思想有三方面：

其一，黄河水患产生的根源。黄绾指出：隋代以前，河南以下的黄河经河北、山东北部向东边方向入海（与现今黄河入海流向大体一致），这一流向的北面有河北中部的山脉，南部有山东中部的山脉，因此黄河不易发生大的水患。但隋代开掘大运河，引部分黄河水从洛阳南下，经汴水入海。自洛阳向东南，地势平缓，南北无山地阻隔，所以水患日趋严重。为防备水患就不断加高堤坝，但加高堤坝的速度永远赶不上河道淤积和河水上涨的速度，水患日趋严重。南宋时的"黄河夺泗水入淮"，更使黄河水全部流向东南，水患一发不可收拾。黄绾认为，黄河水患产生的根本原因是黄河不恰当的流向。

其二，解决黄河水患的根本方法。在分析黄河水患产生根源的基础上，黄绾指出：加高堤坝、疏浚河道等措施只能缓解一时之水患，不能从根本上解决黄河水患。解决黄河水患的根本方法是让黄河回归隋以前的故道，充分利用地势，从河南境内流向东北，经河北、山东入海。

其三，提出解决漕运水源的方法。由于漕运是明代北京钱粮来源的通道，而江苏境内的黄河河道又是南北漕运必经之路，因此当时人们认为，引黄河流向东北，固然解决了河南、江苏的水患，但带来了另一个严重的问题，即漕运的水源也会消失。对此，黄绾认为不会出现这种情况。这是因为黄河北流后，还有两个水源能保证漕运畅通：一是淮河之水，二是山东南部的多个湖泊（现今微山湖、昭阳湖、独山湖、南阳湖等）。因此，完全不必担心漕运水源短缺。

世宗审阅了黄绾的《论治河理漕疏》后，认为可行，让总理河道侍郎章拯处理此事。但黄绾的建议并未被治河官员重视，没有产生实际效果。嘉靖十二年左右，时任礼部左侍郎的黄绾又写了《治河理漕杂议》，重提自己的建议，可惜也未能付诸实行。

虽然黄绾的"治河理漕"方法在当时无法实行，但却是解决黄河水患的根本方法，其价值还是被人认可的。当时的左都御史胡世宁在《陈言治河通运以济国储而救民生疏》中，十分赞赏黄绾的建议。明末学者陈子龙选辑的《黄明经世文编》中收录了黄绾的《论治河理漕疏》，清代的江南按察使傅泽洪撰写的《行水金鉴》也对此加以转录。咸丰五年（1855），黄河改道北流后的事实也证明了黄绾所言是正确的。黄河北流后，因河北、山东北部地势所限，并未给其境内造成像江苏那么严重的水灾，漕运依托淮河和山东湖泊之水，依旧畅通。

黄绾在关注司法刑狱、治理黄河等事务的同时，还积极参与讨论王守仁去世后的礼遇问题，努力为王守仁心学争取政治地位。在世宗令王守仁出征两广时，锦衣卫指挥使聂能迁弹劾王守仁结党营私。聂能迁原是锦衣卫百户，后积极参与大礼议，被封为指挥使。《明伦大典》颁布后，聂能迁见其他人都受到封赏，自己一无所得，认为是席书、黄绾等人暗中作梗，就指使翁洪上疏诬陷王守仁贿赂席书，才被世宗重新起用，并牵连到黄绾和张璁。黄绾随后上疏辞官以证清白。最终世宗下旨：黄绾有能力才学，王守仁战功卓著，人所共知；聂能迁诬告忠臣，令有关衙门严加审查，并追究参与人员之罪；黄绾安心供职，不必辞职。随后聂能迁被严刑拷打致死，翁洪被发回原籍为民。

聂能迁虽然受到严惩，但事情并未结束，甚至愈演愈烈，将议礼派诸大臣都牵扯了进去。在处置聂能迁时，大学士杨一清曾建议宽大处理，毕竟他曾支持议礼，算是诸人的同道。但黄绾和张璁对此十分不满，加之此前黄绾上疏要求招王守仁入内阁，杨一清说黄绾是王守仁的挚友和学生，黄绾与张璁是同乡，两人举荐王守仁有结党之嫌，极力反对王守仁入阁。为此，黄绾上《论治机疏》：朝中有像豺狼一样贪得无厌的大臣，他们无所忌惮，时而像鬼魅一样阴险，时而像狐妖一样媚人，中伤大臣，没有一丝恻隐之心，还结交宦官以图左右朝廷，以至于御史言官都不敢弹劾。黄绾还说，他只是描述那些人的所作所为，并不点名，世宗只要照着他说的看，自然能发现是谁。对于黄绾的奏疏，世宗当然知道所指是谁，随后答复说：大臣应该直言上疏，现今朦胧浮泛，非忠臣所为，本当惩罚，但现在宽大处理，希望你以后尽职尽责，不要再上这样的奏折。事实上，世宗明白《论治机疏》虽是黄绾所上，但实际是黄绾和张璁二人的本意，是朝中张璁、黄绾和杨一清、桂萼两派矛盾积累所致，就不予深究了。

黄绾的上疏，使杨一清十分难堪，他随后也上疏称病辞职。在奏疏中，杨一清承认自己与黄绾、张璁有矛盾，但话锋一转说：黄绾和张璁虽然不是同一年进士出身，但两人是同乡好友，有相同的爱好和兴趣。黄绾任詹事府少詹事兼翰林院侍讲学士时，我曾因其浙江口音重，皇上听不懂，而拒绝他为皇上讲学。后来张璁有意任命黄绾为吏部侍郎，又打算让他主持南京乡试，我都拒绝了，因此他十分怨恨我。黄绾在《论治机疏》中虽然没有点名，实际是在指责我。杨一清的上疏让世宗十分为难，他不愿意看到朝中主要大臣尤其是曾经极力支持"议礼"的官员间发生内讧，只能对双方都批评教育，希望能调和矛盾。对于张璁，世宗批评教育道：张璁虽然聪明能干，有忠孝、仁义、谦恭、廉洁的好品德，但性格倔强，听不进批评的话。自从他进入内阁以来，忠心侍候皇帝，见多识广，各项工作都能出色完成，不过比以往更加自以为是。我之所以依旧信任他，不是出于我的私心，而是因为他在"议礼"中立下的功劳。从今以后，张璁应该谦虚谨慎、礼让他人、推举贤能，以报答我的信任。对于黄绾的《论治机疏》，世宗再次指出：黄绾的奏疏不是忠臣为国之举，而是为党团派系谋利益。我本打算严加惩处，但找不到事实根据。如果在找不到事实根据的情况下处罚他，会让别人认为他所说是真的，我处罚他是为了维护杨一清。最后世宗下令让张璁自我批评。世宗"高高举起，轻轻放下"的处罚方式，显然无法让杨一清满意，他又上《再乞休致奏疏》《乞恩暂养病疏》。与此同时，黄绾也上疏称病辞职，世宗只得不停安抚、挽留双方，希望他们能和谐相处。嘉靖七年十月，世宗为了纪念早年写的《敬一箴》，特在国子监内修建了"敬一亭"（现位于北京东城区安定门内国子监第三进院落彝伦堂之后）。世宗借此机会封赏杨一清、张璁、桂萼、黄绾等各位大臣，似乎也是在调和双方矛盾。

嘉靖七年十月，黄绾由詹事府詹事兼翰林院侍讲学士升为南京礼部右侍郎。不久南下任职。此时，王守仁的遗体已经由江西运到绍兴，家人弟子为其举行了隆重的葬礼，黄绾积极参与葬礼事宜。首先，黄绾作《祭阳明先生文》，缅怀王守仁一生的功绩，用"良知""亲民""知行合一"概括王守仁的心学思想。其次，黄绾不赞同有人提出超越规格的葬礼仪式，主张举行朝廷、世人能够接受的丧葬仪式。有弟子提出要按照子贡为孔子服丧三年的规格举行王守仁的葬礼。孔子去世，弟子服丧三年后，子贡再次返回，在墓旁建一小屋，又独居服丧三年，前后六年。有弟子要效仿子贡，曾子坚决反对说："不可。江汉以濯之，秋阳以暴之，皓皓乎不可尚已。"孔子的道德高尚，无以复加，但也不能做逾越礼制的事情。对于有人提出效仿子贡"返场筑室"的服丧规格，黄绾很不赞同。他强调，在孔子的时代，"返场筑室"的服丧规格就已经逾越了礼制，所以曾子不同意。现今再采用这种丧礼，不但朝廷、礼部不会同意，就是民间也会认为是惊世骇俗之举，对心学的传播发展有百害而无一利。因此，黄绾建议按照北宋以来的传统：老师去世在心中服丧三年，而不能像父母去世那样穿三年丧服。

就在王守仁的丧礼进行之际，杨一清、桂萼等人再次极力诋毁王守仁的学问与事功，黄绾上《明是非定赏罚疏》，极力为老师辩护。黄绾首先列举了王守仁一生对朝廷的四大功劳：

其一，平定宁王朱宸濠叛乱。宁王朱宸濠叛乱之前，朝中

100

大臣没有一人有所察觉，唯独王守仁窥见，事先造作预防；叛乱之后，王守仁随机应变，仅数月就平定叛乱，为朝廷挽回江南半壁江山。

其二，剿灭江西、福建、山东三省百姓叛乱。正德十三年，王守仁在江西、福建、山东三省征战多年，剿灭多年的百姓叛乱，至今当地依旧安宁。

其三，平定广西田州、思恩土司叛乱。嘉靖四年以来，广西田州、思恩土司再次叛乱，朝廷派兵征剿多年无功，王守仁前往安抚，土司徒手来降。

其四，剿灭广西八寨造反土匪。广西八寨多年有土匪聚集，王守仁利用投降田州、思恩土司的士兵剿灭之，解决了两广心腹大患。

而后，王守仁创立了心学思想体系，有助于教化百姓，其核心有三：

其一，"致良知"。《孟子》中有"良知良能"之说，但没有将其发扬光大。在此基础上，王守仁提出了"致良知"，让人们通过扩展心中的良知以去除私欲，保全天理。

其二，"亲民"。《大学》中本有"亲民"之说，后世学者误将"亲民"说成是"新民"，王守仁恢复了《大学》中的"亲民"之原意。

其三，"知行合一"。《论语》中有"非礼勿视、非礼勿听、非礼勿言、非礼勿动"，王守仁发展了这一说法，提出了"知行合一"说，让人言行合一，不要做空言无益之事。

黄绾在列举了王守仁的事功和学问之后说：虽然王守仁有如此大的功劳，但病死征战路途之中，幼子年少，家道困难，朝中大臣非但不想着抚恤褒奖其家，反而恶言中伤，怎能让百姓信服？黄绾虽然与王守仁有二十多年师友交往，但所言皆出

101

于公心，绝非是结党营私。

最后黄绾提出了三点要求：一、下令礼部给予王守仁恤典礼遇，赠谥号，让其子孙世袭新建伯爵位；二、开讲学之禁，让天下学子学习心学，以教化百姓；三、严惩杨一清、桂萼等诬陷忠良之人，平天下百姓士人之愤怒。

黄绾的《明是非定赏罚疏》呈上后，没有任何结果。王守仁的弟子兵科给事中周延（1499～1561）也上疏抗争，被夺取官职，再上疏抗争，被贬为太仓州判。同年，御史弹劾黄绾结党营私，为辨明清白，黄绾上《沥忠乞休疏》，请求辞官归家。此时世宗还是十分相信黄绾忠心的，下诏说：黄绾一向忠心耿耿，安心任职，不要再提辞官。圣旨到达时，黄绾正在南京礼部侍郎官署中建"退思之堂"，遂改名为"忠诚堂"。

如果说嘉靖六年之前黄绾注重理论学习，嘉靖年间的大礼议也是以学理论证参与政治，那么嘉靖七年黄绾所上的《论刑狱疏》和《论治河理漕疏》则体现了他解决实际问题的能力。与此同时，黄绾秉承王守仁弟子维护学派利益的传统，在王守仁去世前后积极为王学正名，努力提高心学的地位。

第 4 章

交友与平叛

南京交友与扶助王家

嘉靖七年（1528）十月，在世宗百般安抚下，相互弹劾的黄绾和杨一清终于暂时搁置了争斗。随后，黄绾由詹事兼翰林院侍讲学士升任南京礼部右侍郎，嘉靖十二年七月，黄绾再升一级，任北京礼部左侍郎。虽然明成祖朱棣迁都北京后，在南京依旧保留了与北京相同的官僚机构，但政治中心已经迁往北京，南京的官员相对清闲。在南京期间，黄绾与南京的官员、学者交往广泛，既拓展了自己的朋友圈子，也借此宣传推广王守仁心学。

王廷相是黄绾在南京期间结识的好友。王廷相（1474～1544），字子衡，号浚川，河南仪封（今河南兰考县）人。弘治十五年（1502）进士及第，选为翰林院庶吉士，官至太子太保、兵部尚书。在政治上，王廷相先后在陕西、湖广、四川等地任职，负责地方政务和军事，后担任兵部尚书兼管都察院，是明朝中期不可多得的实干家；在学术上，他长期从事哲学、科学、文学等领域的研究，形成了以"元气本体论"为核心的哲学体系，提出了独特的文学艺术观点，并创作了许多文学作品，是明朝著名的哲学家和文学家。嘉靖九年，王廷相升任南京兵部尚书。当时，南京的许多官员在各地进贡马匹和船只过程中营私舞弊、中饱私囊。王廷相到任后，先后向朝廷呈上两道奏疏，指出在运输朝廷物资的过程中，南京的许多官员往往增加船只，从中营私舞弊，建议严格按照运输物品的轻重多寡和船只的装载能力核定船只的数量，同时严格核定每艘船雇用的人员及其各项开销，以节省官府的开支。在南京期间，王廷相还做了不少为民除害的实事。当时，南京内外的守备官兵常常拦截过往的船只，表面上是盘查，实际是索要过关费，即便是官府规定不需缴税的卖粮米者，也不放过。更有甚者，用长木棍拦截河道，强取豪夺，过往客商只得出钱方能过关。王廷相经过查实，奏请朝廷革除这些官员，为民除害。

黄绾任南京礼部右侍郎时，恰逢王廷相任南京兵部尚书，二人很快结下了深厚的友谊。嘉靖九年正月，王廷相将其著作《慎言》赠给黄绾。该书写成于嘉靖六年，最初只是在至亲好友之间传抄。王廷相认为孔子去世后儒家之道渐渐被人们忘记，而异端之学纷纷兴起。他认为之所以造成这种状况，是因为后世儒者将异端的学说引入儒学，以至于儒家中庸之学逐渐失去了本来的面目。因此他考察儒学的流变，批判了历史上依附于儒学的异端学说，取孔子"慎言其余"之意，命其著作为《慎言》。在书中，王廷相首次提出了"气本论"的主张，认为气是世界的本原，万物的生灭都是气的聚散。书中还对程朱理学进行了深刻的批判。

黄绾读罢《慎言》后，致信王廷相。在信中，黄绾一方面认同王廷相提出的"学者当以圣人之说为规矩"的提法，认为这一提法可以与孔孟的"性善论"相媲美，是后代学者必须遵循的法则。另一方面，黄绾认为其中"甲子寒暑"之说值得商榷。《慎言》中有："阴阳在形气，其义有四：以形言之，天地、男女、牝牡之类也；以气言之，寒暑、昼夜、呼吸之类也；总言之，凡属气者皆阳也，凡属形者皆阴也；极言之，凡有形体以至氤氲葱苍之气可象者皆阴也，所以变化、运动、升降、飞扬之不可见者皆阳也。"这段话是王廷相气本论的集中体现，认为天地万物、寒来暑往等等都是气的聚散而已，与程朱理学和陆王心学都不相同。因此，黄绾对王廷相的"气本论"提出了质疑，并说日后再向他请教这一问题。事实上，王廷相的"气本论"带有朴素唯物论的因素，因此近现代学者认为他是中国历史上的唯物主义哲学家。

学术上的差异并不妨碍黄绾和王廷相的友谊，在此期间，他们游览山水、诗文唱酬。在两人的著作中，保留了很多记录他们共同出游的诗文。其中比较重要的是《送少宗伯黄先生考绩序》。嘉靖十一年，黄绾赴京考核，南京的好友为其送行，土廷相作《序》。在《序》中，工廷相盛赞黄绾：黄绾是有道之士，功名利禄视作浮云。他在未入仕途时，在家乡紫霄山中学孔孟之道，出仕为官后，依旧保持学者本色，从不钻营于功名利禄。由此可见王廷相对黄绾的评价之高。

嘉靖十二年，黄绾将自己多年的著作汇编为《石龙集》，请王廷相为其作《序》。在《石龙集序》中，王廷相高度评价了黄绾的学术思想，认为黄绾之学有"三尚"："明道""稽政""志在天下"。所谓"明道"，是指昌明儒家之道。王廷相认为黄绾之学延续了孔孟以来的儒家之道，他的著作是弘扬儒家之道的代表。所谓"稽政"，是指考察政治，而非像一般学者那样作书斋里的学问，不关心时事。唐代大诗人白居易有"美刺稽政说"。白居易强调诗歌或文章应发挥"补察时政，泄导人情"的作用。他认为，文士褒贬意在惩劝善恶，诗人美刺旨在补察得失，如果"美刺之诗不稽政，则补察之义废矣"。因此，白居易的讽喻诗创作，"惟歌生民病，愿得天子知"。王廷相赞赏黄绾能提振纲纪、弘扬礼乐、酌定刑赏，延续了儒家知识分子"稽政"的传统。所谓"志在天下"，是指黄绾志存高远，能兼顾天下万物。

嘉靖十二年四月，王廷相由南京兵部尚书改任北京都察院左都御史。临行前，黄绾作《序》相赠。在《序》中，黄绾称王廷相能辅佐天子成就万世不拔之大业。此外，王廷相还请黄绾撰文详细告知辅佐天子成就大业的具体方法，黄绾作《纪言赠浚川子》。文中涉及中兴之策、君臣相处之道、君子与小人相处之道、知人之要、科举选拔之道、官员考核、民间词讼、君子处世之道等十九条内容。可以说这些内容不仅是黄绾对好友王廷相的谆谆告诫，也是他为政的指南。王廷相在离开南京之时，还特地为黄绾先前在紫霄山创办的石龙书院作《石龙书院学辩》。

严嵩也是黄绾在南京期间结识的好友。严嵩（1480～1565），字惟中、介溪，江西新余市人。弘治十八年（1505），年仅二十六岁的严嵩会试中二甲进士。正德二年（1507）授翰林院编修。次年，因祖父及母亲相继去世，丁忧八年之久。丁忧期间，严嵩继续苦读，诗文峻洁，声名始著。正德十一年，严嵩起复还朝，任翰林院编修。复官之初，严嵩对朝政多持批评之论，他多次提到：正德年间，天下所疾苦莫如逆竖妖僧。因此，正德、嘉靖初年的严嵩为官名声甚佳。事实上，早在嘉靖二年黄绾再次任南京都察院经历时，严嵩也在南京任职，二人已经有交往。

嘉靖十年十二月，严嵩任南京礼部尚书，是黄绾的顶头上司。在两人的著作中，有许多相互赠送的诗文。嘉靖十二年，严嵩将其著作编订为《钤山堂集》，黄绾作《钤山堂集序》。在《序》中，黄绾盛赞严嵩的著作：文笔峻洁简练，效仿韩愈和欧阳修；诗歌清新隽秀，有盛唐名家风范。

　　韩邦奇也是黄绾在南京期间结识的好友。韩邦奇（1479～1556），字汝节，号苑洛，陕西大荔县人。正德三年进士，任吏部员外郎，后因上疏言时政之弊，谪为平阳通判，后升任浙江按察佥事。宦官强征富阳县茶、鱼，他作诗歌哀百姓之苦，被诬告讽刺朝廷，被贬斥为民。嘉靖初年，韩邦奇任山西参议，后以南京兵部尚书致仕。嘉靖三十四年，因关中大地震，死于非命。韩邦奇文理兼备，精通音律，著述甚富，是当时著名学者。

　　嘉靖七年八月，韩邦奇主持顺天府乡试。因出题不当而被弹劾，贬为南京太仆寺臣。临行之际，黄绾作《赠韩庶子谪官序》，为韩邦奇鸣冤：乡试考官中有与韩邦奇意见不合者，指责其出题不当，有讥讽朝廷之意，遂诬告之，以至于韩邦奇被贬为南京太仆寺臣。这已是韩邦奇第三次被贬了。由此可见，他性格耿直，志存高远，不愿同流合污，真可谓有志之士！嘉靖十二年，黄绾与韩邦奇还有书信往来。

　　顾璘也是黄绾在南京期间结识的好友。顾璘是当时著名学者，在文学上的造诣尤其显著。他与王守仁的关系也十分密切。收录于王守仁《传习录》中卷那篇著名的《答顾东桥书》，就是嘉靖四年王守仁给顾璘的回信。嘉靖十年，黄绾为时任南京都察院右副督御史顾璘所作的《近言》作序。当时，王廷相也写了《近言序》。

　　在南京期间，黄绾还与王守仁的弟子邹守益、聂豹等人交往密切。邹守益（1491～1562），字谦之，号东廓，江西吉安人。正德六年参加会试，当时王守仁为同考官，见邹守益考卷非凡，便将他拔为第一（会元），参加廷试又名列进士第三（探花），被授为翰林院编修。任职仅一年，便辞职回乡，专心研究程朱理学，但对二程、朱熹的"格物致知"学说久思不得其解。正德十三年（1518），王守仁在赣州剿匪时，邹守益听王守仁讲"良知"之学，恍然大悟，于是拜王守仁为师。王守仁十分欣赏邹守益，赠诗"君今一日真千里，我亦当年苦旧迷"，只恨相见太晚。在大礼议中，邹守益是王守仁弟子中唯一反对世宗改定大礼者，为此他在嘉靖三年被贬为广德县判官，后升任南京礼部郎中。嘉靖九年，邹守益任职期满，黄绾作《赠邹谦之序》，称赞他不将荣辱得失放在心上，一心推广心学思想，真是"豪杰之士"。

聂豹在任职期间，曾两次拜访王守仁，后数度致书问学。王守仁去世三年后，聂豹在其弟子钱德洪、王畿两人的见证下，拜为弟子。嘉靖八年（1529），聂豹任苏州知府。黄绾致信聂豹，鼓励他弘扬王守仁之学。

以上列举的黄绾在南京结识的好友中，有些是当时著名官员，地位在黄绾之上，如王廷相、严嵩、顾璘等；有些是王守仁的门人，如邹守益、聂豹等。黄绾与他们的交往，多是以诗文酬唱为主。与此同时，黄绾还与一些后辈学者书信往来，对他们阐述王守仁心学的主旨。

嘉靖十年，南昌学子裘汝中赴京参加会试，路过南京，请黄绾赠言。黄绾在《赠裘汝中》中，回答了当时人们对王守仁的"良知"和"知行合一"的质疑。当时有人认为"良知"并没有王守仁所说的那般效果，良知无法把握孔孟之道。对此黄绾从历史和理论层面做了解答。从历史层面上，黄绾指出孟子提出性善论时，也受到告子的质疑，告子认为人性最初没有善恶之分，善恶都是后天成长的结果。尽管如此，历史证明了孟子性善论是正确的，告子的性无善无恶论是错误的。因此，黄绾说不能因为一时的反对，就丧失对正确理论的信心。从理论层面上，黄绾指出，王守仁的良知源自孟子的"四端"，孟子说：恻隐之心是仁的源头，羞恶之心是义的源头，辞让之心是礼的源头，是非之心是智的源头。孟子的"四端"就是王守仁的"良知"。人们只要将心中的良知扩展出来，自然能够使自己的行为至善无恶。当时有人认为：如果不先知，怎么能够行？因此王守仁的"知行合一"是不正确的。自王守仁提出"知行合一"以来，很多人都有类似的疑问。的确，从学习客观知识上说，无法做到"知行合一"。例如，我们开汽车，总是要先学习开汽车，然后才能亲自开汽车。然而，在道德领域中，"知行合一"则是说得通的。例如，人们称赞一个孝子，不是因为他学习了很多孝的知识，而是因为他实际在孝顺父母。同样，想做孝子，只要从自己的良心出发侍奉父母，自然能做出孝的行为，而不是先学习孝的知识，然后才知道如何做出孝的行为。由于当时没有学科划分，所以王守仁不可能区分客观知识和道德行为，以至于人们无法理解"知行合一"。黄绾虽然无法清楚明白地回答上述疑问，但他还是在努力说明：一个人如果获得真正的知识，必然要将它付诸实践，一个人行为正确一定是因为他获得了正确的知识，因此知行是合一的。

在南京时，黄绾还在给南京都察院御史吴士美的信中提到，要对良知"深信不疑"。王守仁多次指出，不能通过一般的学习方式认识良知，而是要对良知深信不疑，即"信得及"。王守仁提出的"信得及"，可以说是对宋明理学的重要发展。在程朱理学那里，作为最高范畴的天理是落实在万物之中的，但由于万物气质的不同，具体的物性是不同的。对于具体的人而言，可以通过"格物致知"的方式，在认识单个物体的道理的基础上实现对天理的贯通。因此，我们可以将宋明理学概括为道德理性之学，其基本的特征是承认主体的理性是道德修养的根据。但是王守仁却提出了对良知要"信得及"，这使得宗教信仰式的"信"成了王守仁道德学说的基础。黄绾延续了王守仁的这一理论，对吴士美说："学者要对良知深信不疑，才称得上'真信'，在真信上用力不懈，就是道德修养。"

嘉靖十一年正月，黄绾以南京礼部右侍郎身份入京。王守仁弟子、时任吏部尚书的方献夫召集在京的王守仁弟子四十余人，在庆寿山房举行讲会。虽然庆寿山房讲会规模并不大，仅有四十余人参加，但参加者均是王守仁的主要弟子，如黄绾、王畿、钱德洪、方献夫、欧阳德、程文德、黄宗明、戚贤、魏良弼等，可见这次讲会规格之高。后来，黄绾致信钱德洪，提出自己对"讲学"的看法：不能拘泥于讲学，有时讲学的效果并不好，不讲学的效果不一定差。无论何种方式，只要能使学者接受心学，都可以采用。

在南京任职期间，黄绾还亲自参与《阳明先生文录》的编录工作。现存《阳明全书》（又称《王文成公全书》）是由四部分内容组成的，即《语录》《文录》《续编》和《附录》，而每个部分又都有各自的成书经过和版本源流。其中的《文录》全称是《阳明先生文录》，黄绾亲自参与了编订。早在嘉靖六年王守仁在世时，弟子邹守益就收集王守仁的文章，打算刊刻出版。王守仁审核后，亲自标明每篇文章的写作时间，又交给钱德洪分类。但后来王守仁又决定不分类，仅仅按照写作时间编订，并只收入"讲学明道"的文章，其他文学、诗歌、应酬等作品均不收录。后经钱德洪再三恳求，才允许将这些作品以

"附录"的形式附在后面，取名《阳明文稿》刊刻出版。王守仁去世后，钱德洪作《讣告同门》，让同门弟子提供王守仁以前写作的书信文章等，以备整理出版。其后，黄绾、欧阳德、钱德洪、黄弘纲等人汇编成《阳明先生存稿》数十卷。在编录《阳明先生存稿》的过程中，黄绾与其他人发生了一场争论。黄绾认为：王守仁的心学思想无粗精好坏之分，王守仁所说的一切话都是至理名言，因此，所有的文章、书信、诗歌都应该按照年月和类别编入，让后世学者从中择取对自己有益的内容。但邹守益则认为：心学是王守仁思想的核心，所以只有讲明心学的文字才能收入，其他文字不应收入。钱德洪两头为难，他一方面怕后世学者看到王守仁早期思想未形成时的文字，对心学有错误的理解；另一方面又担心不完全收入王守仁的文字，随着时间推移这部分内容会遗失，使后人见不到王守仁的全部著作。后来众人采取"两是而俱存之"的办法，将讲学明道的文字编为《正录》，其他的文字编为《外集》，二者合起来成为《阳明先生文录》，王守仁的奏折等再编为另外一本《别录》。嘉靖十一年，钱德洪将存稿携至苏州，与黄省曾"校定篇类"，分《正录》《外集》和《别录》，共二十四卷，于嘉靖十四年刊刻于苏州，名曰《阳明先生文录》。

尽管王守仁在正德、嘉靖年间有显赫的战功，但却给自己带来了很大的隐患。他去世后，家族内部纷争不已，以至于给其幼子王正亿带来了很大的祸患。对于王守仁去世前后的麻烦和家族纷争，学者钱明的《王阳明及其学派论考》有详尽的叙述，现撮要如下。

第一，爵位被夺。在明代，浙江全省被封爵并有资格世袭的只有刘基和王守仁。刘基是明朝的开国功臣，被封为诚意伯，嘉靖初年，刘基子孙得以世袭诚意伯。在当时人的眼中，王守仁是与刘基"不相伯仲"的"文武全才"。正德十四年，王阳明以剿灭江西、福建、广东三省土匪的赫赫战功，被朝廷赏赐荫子一人，世袭锦衣卫百户。因为王守仁当时尚无子嗣，故武宗特批其荫侄一人。正德十六年，王守仁又因剿灭宁王朱宸濠叛乱之功，被刚刚即位的世宗封为新建伯，岁禄一千石，子孙世袭。随即有人弹劾王守仁曾经暗通宁王、平乱之后纵兵杀戮、宣传"伪学"等，使得朝廷下令不给王守仁岁禄和世袭爵位，同时禁止传播"伪学"。然而王守仁在世时，不仅在学术界有了相当的影响，而且在政界也培植起一批追随者，因此在嘉靖六年他还是得到了岁禄和世袭爵位。次年，久病缠身的王守仁在平定广西少数民族叛乱后，自感时日不多，在未获朝廷允许的情况下班师回朝，病死在江西南安县。消息传到北京，世宗不是为失去一位难得的忠臣而痛心，而是以擅离职守、传播"伪学"的名义，下令追回其所封爵位，死后不给朝廷恤典，严惩传播王守仁心学的学者。当然，对于朝廷的处罚，已经去世的王守仁如若泉下有知，不知会有何感想，但对于王守仁的弟子和家人来说，这些处罚却是实实在在的。在此情况下，王守仁的家人常常受到余姚当地豪强的欺凌却无处申冤。

第二，财产之争。据钱明考证，王守仁在世时，积累了大量的财富。来源有：其一，家族遗产。王守仁的父亲王华是成化十七年状元，官至南京吏部尚书。王守仁亲自说过父亲留下不少田产，足够他们弟兄几人享用，因此要把为学行道作为自己的奋斗目标。其二，宁王朱宸濠的财产。王守仁平定宁王朱宸濠叛乱，招来很多御史言官的弹劾，其中一个重要理由就是王守仁将朱宸濠积累的大量财产"悉数以归"，都纳入自己囊中。其三，当官的俸禄。王守仁被封为新建伯暨南京兵部尚书后，每年有一千石的俸禄，同为浙江籍的明代开国功臣刘基年俸才七百石，可见一千石在当时是极高的俸禄。其四，王守仁平定两广叛乱后，朝廷有大量赏赐。据王守仁的大弟子钱德洪说：王守仁平定两广叛乱后，朝廷给了王守仁一万多两赏赐，最后的五百三十二两是钱德洪亲自领取的。

除以上有直接出处的财产外，还有其他确凿证据显示王守仁拥有巨额财产：其一，王守仁的弟子王艮在给友人的信中言明，王守仁在浙江至少有六位妻妾。当然，在王守仁那个时代，身居他那样的地位，娶几房小妾是很正常的，但这也说明王守仁的经济实力是十分雄厚的。其二，绍兴民间流传有"吕府十三厅不及伯府一个厅"的说法。伯府是王守仁的新建伯府，吕府是嘉靖年间礼部尚书吕本的宅邸，从现存的十个厅来看，其豪华程度令人叹为观止。故后人由此推断，王守仁晚年在绍兴所建的府邸，应是豪华至极、恢宏无比的。王守仁若没有雄厚的财力，恐难建造那么豪华的府邸。

王守仁去世后，遗留下来的巨额财产给其家族内外带来了很大的纷争。所谓"内"，是指王守仁家族内的"悍宗""子弟""家众"等。"悍宗"主要是王守仁的几个妻妾和"诸叔侄"；"子弟"是王守仁的亲生子王正亿，养子王正宪，以及王守仁的弟弟；"家众"主要是与王守仁家族沾亲带故的远方亲戚。所谓"外"，是指当时的一批朝廷官员、地方要员和学术异己，他们与王守仁家族内的势力相勾结，企图逼走王守仁的继母与弟弟，并使正亿和正宪两兄弟反目成仇，从而达到吞并财产的目的。据《王阳明年谱》记载，王守仁去世后，这些人为抢夺财产，对幼子王正亿穷追不舍，在王守仁弟子们的帮助下，王正亿才得以逃脱。

第三，正宪与正亿之争。王守仁四十四岁时尚无子嗣，在其父王华的主持下，王守仁收弟弟王守信的儿子正宪为继子。十四岁时，因王守仁江西剿匪的军功，正宪被封为锦衣卫百户。正宪十八岁时，王守仁的亲生儿子正亿出生。两年后，王守仁去世。据《王阳明年谱》记载，王守仁去世后，正宪不但不对幼弟正亿扶手相助，患难与共，还伺机逃避、摆脱王家面临的外辱之害，对外人批评王守仁之言不置一词，甚至趁正亿年幼、力弱势单之际，闹起兄弟分家的纠纷，搞得王家不得安宁。

第四，正亿的抚养教育问题。在王守仁的身后事中，最让弟子们担心的就是正亿的抚养教育问题。自弘治元年王守仁十七岁娶南昌诸氏为妻，至嘉靖四年诸氏去世，五十四岁的王守仁尽管已经娶了六房妻妾，但都未给王守仁生子。嘉靖五年，已经在家调养五年多的王守仁在新娶张氏后不久，终于喜得贵子，这就是王正亿。

王守仁去世后，正亿的处境岌岌可危。在王守仁的几房妻妾中，张氏属晚辈且为小妾，又无显赫的家庭背景，因此王守仁在世时，他的弟子王艮建议立年龄最长的吴氏为主妇，以弥补诸氏去世后王家无主妇的尴尬无序局面，但这一建议却被王守仁以吴氏"德性"不好为由拒绝。王守仁去世后，弟子们立吴氏为王家主妇。然而吴氏果如王守仁所言，欺压正亿及正亿之母。此时正亿才两岁，根本不可能处理这一复杂局面。

面对王家的乱局，王守仁的弟子们一起出力，努力扶助王家。现存的资料显示，黄宗明、薛侃、王艮、王畿、钱德洪、欧阳德、黄绾、王臣等主要弟子都积极为王家事务献言献策、尽心尽力。当然，作为王守仁的弟子，无法也无权直接参与财产分配，他们关心的焦点是王守仁的幼子王正亿的抚养和教育问题。这其中黄绾起到了至关重要的作用。

按照中国传统礼制，儿子要为去世的父亲在家守丧三年，甚至在外为官的儿子也要回家守丧。因此嘉靖七年至十年，尽管王家危机重重，但正亿依旧在家为父守丧。王守仁去世时，黄绾尚在北京，欧阳德等人致信告知王家的纷争，想让黄绾到绍兴帮助处理。黄绾当时不以为然，后来到南京任职，才真正了解王家的危局。嘉靖十年，正亿守丧快结束时，王守仁的弟子黄弘纲专程前往南京，向黄绾请教如何抚养正亿。黄绾毕竟与王家有着特殊的关系，为担当正亿的抚养之责，表示同意将女儿许配给正亿。同年五月，钱德洪、王畿为落实此事专程赴南京与黄绾商量，但黄绾又有所动摇。原因大致有：其一，选两个女儿中的哪一位许聘给正亿；其二，在黄岩老家的母亲是否同意；其三，正亿才五岁，是把他寄养在老家还是带在身边抚养。钱德洪、王畿见黄绾犹豫，便又赶往黄绾的老家黄岩，在征得黄绾母亲同意后，黄绾才将二女儿黄姆许聘给正亿，并决定将正亿带在身边，承担起正亿的全部抚养重任。

此事确定下来之后，王臣、欧阳德、王艮等人立刻带正亿去南京投靠黄绾。恰在此时，因大学士张璁与世宗朱厚熜两人之名形近音同，张璁以避讳为理由，请求更名，世宗遂赐名"孚敬"。正亿原名正聪，也与世宗之名同音，因此也不得不更名。黄绾请求钱德洪撰文告长眠地下的王守仁，同意正聪更名为正亿。当时有人传言黄绾是为了巴结张璁，才让正亿更名，为此，欧阳德专门撰文辩解。

对于正亿的抚养教育问题，黄绾可以说是尽心尽力、善始善终。正亿到南京后，带来了王家的账目。黄绾召集经手账目的人、王守仁的弟子、王家亲友、王家管事的王伯显和王仲肃等人，共同核对账目后，抄录三份，一份给绍兴家中，一份给正亿母子，一份由黄绾亲自保管。黄绾与众人约定，在王正亿成人之前，王家的财产由众人暂时代管，代管期间的田租等收入归众人所有，但不得处分财产，待正亿成人后，所有财产交还正亿。

嘉靖十三年，黄绾赴北京任职，当时王艮刚好在南京，就带正亿北上交给黄绾。此后正亿一直随黄绾住在北京，直到嘉靖二十一年秋，十六岁的正亿才随黄绾返回黄岩。后来王畿为探访正亿还特地去过黄岩一趟，并与黄绾、正亿及黄绾的两个儿子一起游玩了雁荡山。

嘉靖二十九年，经过弟子们的不断努力，朝廷虽未恢复王守仁的世袭爵位，但同意正亿作为王守仁荫袭嗣子，入南京国子监学习。同年四月，钱德洪亲自送正亿去南京。当时王守仁和湛若水的弟子们正在南京崇礼街新泉精舍举行讲学，钱德洪就带正亿一起参加。新泉精舍是王守仁、湛若水二人的弟子共同修建的，精舍内部不仅设有王守仁的遗像，还把尚健在的湛若水的画像也供奉于堂上。讲会之余，众人同游大报恩寺塔。湛若水的弟子、时任礼部文选司郎中的何迁坐在塔的第一层，对众人说："王守仁曾下令禁止弟子静坐，怕弟子陷入佛老的静修误区。然而当今学者平日里深受世俗习气的影响，如果不让他们静坐在密室里，耳目感官不受外物的诱惑，静静体会、感觉未曾发生时人心的状态，他们是不会体会到人心'无思无虑'本来面目的。"钱德洪听罢，当即反驳道："老师未曾禁止学者静坐，也未曾立静坐为学者入门之法。"可以说，这是正亿首次参与心学讲会，使他对父亲王守仁创立的心学有了直观的认识。

嘉靖七年至嘉靖十二年，黄绾一直任南京礼部右侍郎，期间除参加王守仁的葬礼和赴北京考核外，一直未离开南京。在南京的五年中，黄绾除处理日常政务外，主要做了两件事：一是交友讲学。黄绾交友极为广泛，既有当时在南京任职，后来成为嘉靖年间政治风云人物的王廷相、严嵩等人，也有顾璘、邹守益、聂豹等王门弟子，甚至还包括裴汝中、吴士美等后辈学者。在这些交友讲学中，黄绾不但拓展了自己的朋友圈子，也扩大了心学的影响。二是参与处理王守仁去世后的家事，尤其是招正亿为婿，并带在身边亲自抚养教育。

大同兵变与奉旨安抚

嘉靖十二年七月，黄绾由南京礼部右侍郎升为北京礼部左侍郎，赴京上任。十月，明朝用以防御蒙古人南下的军事重镇大同发生兵变，黄绾奉旨亲赴参与处理大同兵变的事宜，使之成为王守仁弟子中少数有军功之人。

早在嘉靖三年八月，大同已经发生过一次兵变，嘉靖十二年的兵变是第二次爆发。虽然大同兵变发生在嘉靖年间，但它的原因早已有之。

第一，大同军事防御设施的损毁是兵变的直接原因。朱元璋建立明朝后，虽然多次远征蒙古，但并没有真正解决北方蒙古人的威胁，而是在北方边境修建长城，屯驻重兵以抵御蒙古人的南下。明政府为了增强大同地区的防御力量，保证京师侧翼的安全，以大同为中心修建了规模宏大、设施完善的大边、二边、三边三道防御工事。但到正德、嘉靖年间，不仅大边、二边早已不守，就是距大同很近的三边的防御设施也所剩无几，以致蒙古骑兵可以轻易直抵大同城下，烧杀抢掠，肆无忌惮。为此，嘉靖帝即位之初，增修大同防御设施就成了当务之急。

第二，大同地区驻军的经济困难是兵变的根本原因。明代早期实行屯田制，士兵在驻地附近耕种，自己解决粮食问题。这一制度不仅使驻军的粮食得以保障，也极大地减轻了朝廷的负担。然而明中期以后，屯田制逐渐废弛，尤其是正德年间，屯田制败坏至极。明王朝不得不以募兵制取代屯田制。但是这又使明政府背上了沉重的财政负担，即使能按时发放军饷和月粮，也很难维持士兵的基本生活要求。到武宗正德年间以后，政府财政日益吃紧，拖欠军饷和军粮已成为十分普遍的问题。再加上武宗频繁巡幸宣大地区，两次驻跸大同，使得大同地区拖欠军饷和军粮更加严重，许多士兵甚至常年领不到军饷和军粮。士兵们已经到了生死存亡的时刻。

第三，嘉靖初年增修大同附近的军事堡垒是兵变的直接导火索。大同是明代北部边防的核心，有北京的"北门锁钥"之称。正德年间，大同地区的边防设施残破不堪，明军在抵御北方游牧民族南下侵扰的作战中一直处于十分被动的地位。为了改变这种被动状况，嘉靖元年，任大同巡抚的张文锦上疏要修建堡垒，以加强防御力。与此同时，直隶巡按御史张钦也提出修复大同镇城北原有宣宁、水口、黑山三座堡垒。张文锦在此基础上，又提出增筑柳沟堡、桦沟堡两座堡垒。这样共有五座堡垒需要不同程度的修复和加固。鉴于上述五堡距离镇城较远，根据修建缓急、应援方便与否的实际情况，张文锦又提出先近后远的修建方案，得到了嘉靖帝的批准。

虽然增修军事堡垒必须为之，但张文锦却不顾大同地区驻军食不果腹的现实，一心想尽快实现其计划，以便在嘉靖帝面前邀功请赏。他任命的督工将领不仅不顾士兵死活，一意加紧修建，而且还贪污本已十分紧张的钱粮。在工程完工时，士兵不愿意去新建的堡垒驻防，张文锦就严刑拷打士兵，结果酿成军变。

军变发生后，哗变士兵将张文锦杀死。世宗派兵镇压，遭到哗变士兵的坚决抵抗，不但没有将兵变镇压下去，反而愈演愈烈。面对严峻局面，世宗权衡再三，意识到继续采取强硬的武力镇压政策，势必会引起大同地区广大士兵的坚决抵抗。更何况由于当时"大礼议"尚在进行，朝中大臣均反对他改定大礼，如果战事久拖不决，势必会危及自己的皇位。即使战而胜之，其结果也不容乐观。在反复权衡利弊得失之后，世宗终于明确地表示处理大同兵变的基本方针是"擒斩首恶，胁从不办"，并把兵变的责任归咎于各级军官处置不当。至此，明朝采取了安抚的手段处理兵变，除少数兵变首领受到惩处外，其他士兵均被赦免了罪责，大同兵变很快平息。

嘉靖十二年十月，大同兵变再起。这次兵变除以往的原因之外，还增加了一个更为紧急的状况：蒙古人发兵围困大同，战事一触即发。在明朝历史上，明朝廷和北方蒙古人的关系是关乎明王朝治乱安危的大问题，而最高统治集团对蒙古族采取一种什么样的政策和态度，则对明蒙关系有着直接的影响。为处理好与蒙古的关系，明朝从成祖永乐帝以来采取允许周边各少数民族首领定期朝贡、明廷给以丰厚的赏赐并可进行一定程度的互市贸易的政策，由此形成明朝的朝贡体制。这一朝贡体制具有两种社会功能：第一，边疆少数民族对中央王朝的政治臣服、接受封号，构成当时历史条件下中央与地方关系体制的特殊形态，即朝贡体制下的羁縻统治，这是边疆少数民族高度自治情势下对中央王朝的认同。第二，边疆少数民族向中央王朝的进贡和中央王朝给予他们的赏赐、回赐物品以及边境交易，形成农业民族与游牧民族之间的双边经济交流，即朝贡体制下的朝贡贸易，朝贡贸易的正常进行加强了草原与内地的经济联系，弥补了游牧经济的不足和缺陷。但是在孝宗弘治年间，明政府与蒙古达延汗关系紧张，将永乐年间建立的贡市制度全面废除，史称"绝贡"。绝贡给北方的蒙古各部带来了明显的负面影响。自古以来，北方草原畜牧经济便与中原农业经济有着天然的互补的联系。单一的、粗放的游牧经济本身有其与生俱来的不足，它必须与农业民族进行交换，即北方的游牧民族需要以中原地区为市场，销售其畜牧业产品及狩猎所得的兽皮等，从中原换回其生产和生活所必需的各种农产品、手工业产品及其他生活用品。可以说明蒙之间的战争主要是经济原因所致，只要明蒙之间能保持最低限度的经济贸易关系，就可以避免蒙古大规模的入侵和抢掠。然而，明朝廷实行的绝贡政策，使得蒙古各部人民生活贫困，日用品缺乏，广大蒙古牧民铁器、纺织品等物资极端缺乏。嘉靖十二年，蒙古人向明朝政府提出"求贡"，希望恢复朝贡体制，但世宗顽固地拒绝和蒙古通贡互市。为解决生活和生产的实际需要，同时逼迫明朝廷恢复朝贡体制，蒙古人开始发兵围困大同，企图以战促谈。

为阻遏蒙古骑兵长驱南下，大同总兵官李瑾限令士兵于三天内在大同以北开挖四十余里壕堑。由于李瑾平时对士兵十分刻薄，此次工期又如此紧迫，引起了广大士兵的极大不满。十月初六日夜，部分士兵哗变，杀死李瑾，第二次大同兵变爆发。

大同再次发生兵变的消息传到京师，朝中大臣纷纷为平息兵变出谋划策，逐渐分化为两派：

一派是以张璁为首的"武力剿灭"派。时任太子太师、华盖殿大学士的张璁连上五道奏疏表明自己观点：其一，大同再次发生兵变，是因为朝廷未严惩嘉靖三年兵变，使得叛军认为朝廷软弱，这次再不严惩，还会遗留更大的祸患。其二，推荐自己的亲信，时任宣大总制的刘源清负责平叛军务，并在奏疏中再三称赞刘源清的忠心和军功。此前，时任大同巡抚的潘仿上奏大同实情，要求朝廷安抚时，张璁奏称潘仿是为保全大同城内的妻子儿女，才不让朝廷出兵。兵部尚书王宪最初主张除对参与杀害李瑾的六七十人严加惩处之外，其余一律不问，以求尽快平息兵变。由于张璁主张武力剿灭，王宪不敢再坚持自己的意见，世宗于是下令授以刘源清"随宜处置"大权，武力进剿。

一派是以夏言、黄绾为首的"和平安抚"派。时任礼部尚书的夏言是当时朝中唯一可以与张璁抗衡的人物，主张延续嘉靖三年的平息兵变的做法，以"和平安抚"为主。刚刚到任的礼部左侍郎黄绾也主张安抚。黄绾在南京时的好友韩邦奇时任巡抚宣府右金都御史，在平叛御敌的前线，黄绾在给他的信中道出了主张安抚的原因：抵御蒙古入侵和安抚叛乱士兵，二者不可偏废。如果武力征剿，虽然可能平息兵变，但会给蒙古人可乘之机；即使武力征剿且又赶走蒙古人，也势必会削弱大同的防御，蒙古人还会卷土重来。况且叛乱士兵有罪，但也是罪在本人，刘源清不分青红皂白，连叛军的妻儿都不放过，一律以谋叛、谋反罪严惩，太过分了。可以说，黄绾的主张，既有助于迅速平息兵变，又兼顾抵御蒙古人入侵，是当时唯一可行的办法。

在大同兵变上，黄绾站在了张璁的对立面，但黄绾还是致信张璁，解释自己并非有意与夏言联合起来与他作对，而是以天下苍生为己任。黄绾还说，他日盖棺定论时，必有人对此做出公论。尽管黄绾再三解释，最终还是无奈穿上张璁丢来的"小鞋"。任礼部左侍郎仅三个月的黄绾，被罚俸禄两个月，吏部奏请将其降两级调外地为官。

世宗最初听从了张璁的意见，任刘源清率兵平定大同兵变，并授予他"随宜处置"的权力。刘源清领兵至大同城东的阳和。当地乡绅、士大夫、耆老等立即赶来告诉刘源清此次大同兵变只是少数几十人参与，多数城内士兵与暴乱并没有关系，听说朝廷派军，暴乱的士兵也已经解散藏匿，因此只需内部整肃，清理出参与叛乱的士兵，兵变即可结束。但刘源清不肯答应众人的请求，依旧坚持武力镇压。他派人在大同城内张贴告示：嘉靖三年，朝廷从宽处置，此次再杀主帅，一定要严加惩处。随后，刘源清命官军围攻大同，并大肆杀戮和抢掠，城外尸横遍野。面对刘源清的屠杀，大同城内的士兵无奈地拼死抵抗，将城门堵死，用水浇灌城墙。此时，已进入农历十一月，水浇到城墙上立即结了一层冰，官兵一时间也无法攻入大同城。刘源清一面围城、攻城，一面奏请朝廷增兵五万。张璁看到刘源清增兵的奏折后，立即指示兵部尚书王宪先增兵一万两千人。

正当大同戡乱处于胶着状态之时，蒙古人也不失时机地插入一杠来。嘉靖十三年正月，蒙古五万骑入侵大同，明军反击失败，损失惨重。城中的叛兵们也和蒙古敌寇遥相呼应，并请蒙古头目十多人入城，叛兵们指着大同城内的官府说："等官军退去，就用王府来作酬谢。"虽然最后蒙古军队在一番恣意掳掠后撤去，但消息传入北京，朝廷内外，人心惶惶。

在蒙古骑兵大肆掳掠大同之际，刘源清不但不积极反击，而且还要求朝廷另派大军抗御蒙古人，由他负责专事攻城。奏折到达朝廷后，立即引起激烈争论。张璁无条件支持刘源清，要朝廷加派兵力征剿，黄绾则坚决反对，有《上明罚安边疏》。首先，黄绾罗列了刘源清的五条平叛错误：犯了穷寇莫追的兵家大忌；明知大同城防坚固却力战不止；将大同百姓推到朝廷的对立面；将大同各级官吏推到朝廷的对立面；将大同未参与叛乱的士兵推到朝廷的对立面。这些错误必将使朝廷陷入进退维谷的窘境。其次，黄绾指出，大同叛乱久拖不决，给蒙古人提供了可乘之机。自从明朝建立以来，蒙古人就是主要的威胁，因此朝廷建大同要塞抵御蒙古入侵。多年来蒙古人的烧杀抢掠使得官民一起抵御蒙古人，然而这次大同兵变中，叛军居然勾结蒙古人，这既显示了形势之危急，又说明刘源清平叛是多么不得人心。第三，黄绾明确指出要立即罢免刘源清，这不仅可以使大同兵变立刻平息，而且能使朝廷集中精力对付蒙古人的入侵。第四，黄绾说当今朝廷内部有个别内阁大臣，无安定国家之才且任人唯亲，陷朝廷于内外交困的危机中。这实际是不点名地批评张璁。最后，黄绾让世宗立刻纠正派刘源清平叛的错误，以安抚的方式尽快解决大同兵变。礼部尚书夏言也坚决支持黄绾，反对张璁。这时世宗终于认识到张璁的平叛之法的巨大危害，采纳了黄绾的建议，下旨："朕在病中，未尝不以大同事为怀。叛军杀主将，法不能赦。但并不是举城所为。刘源清、郤永贪功，先有屠城之讹传，恐吓城中叛卒，致使叛卒与蒙古人勾结，抗拒朝廷。既而又说专剿逆徒，胁从不问，却要专事攻城，又要引水灌城。大同是京师北门锁钥，刘源清却必欲城破人诛。即使成功，城破怎么才能振兴恢复呢？我怀疑他们的行动，是真的为朝廷吗？刘源清承诺能很快了事，却久拖不决，现在又请添置新官员，岂不是官多事扰？应该将二人问罪，另遣大臣御之。并考虑另行设计抓获首要分子，希望不要拖得太久，以免劳师废财。"世宗的这个圣旨十分高明，一方面说征剿并不是皇帝的本意，另一方面将错误都推给了刘源清。不过，圣旨颁布后，朝廷平叛的政策随即调整，刘源清被解职，以户部侍郎张瓒代任总制。张瓒到达大同后，立即下令取消攻城行动。

被困在城内的明军得知朝廷的政策转变后，立即刺杀黄震等叛军头目。张瓒随即入城。入城后，又以朝廷使者身份，向城内宣布皇帝圣旨，告知城中士兵百姓："用兵并非皇帝本意，官军不会屠城。"听到这一消息，大家感觉有救了，一起向着京城方向欢呼万岁。至此，长达半年的大同兵变才算平定下来。

嘉靖十三年三月六日，在礼部尚书夏言的大力举荐下，世宗命黄绾前往大同安抚赈济，兼体察军情、勘明功罪，特允许黄绾便宜从事。事实上，黄绾能获得这一重要任命，期间经历了很大的波折。大同兵变虽然平定，但首要分子并未完全擒获，且当地满目疮痍，亟需朝廷大臣前往抚赈。礼部尚书夏言随即上疏，请求朝廷派黄绾前往。然而，张璁反对。世宗告诉张璁："虽然朝廷以安抚的方式平定了大同兵变，但首要分子还是要严惩不贷。你与夏言二人不合，我早已知道，但你二人的恩怨不能影响朝廷的大计。黄绾与你是旧交，你不应反对他。如果你们能同心协力，朝廷大事一定能解决。"张璁回奏称："夏言并不是真心为朝廷安危着想，在大同兵变刚刚发生时，他见到我时压根不提解决之策，等到黄绾上疏后，他才极力附和。兵部已经核准给事中曹忭前往处理善后事宜，相关的准备工作已经进行。现在召回曹忭，改为黄绾前去，恐怕会引起差错。"世宗再次告知张璁："大臣之间要以和为贵，齐心协力为朝廷办事，方不负我之所托。礼部让黄绾前往安抚赈济，当依礼部意见办理。"既然世宗最终决定让黄绾前往，张璁也没办法阻拦了。黄绾行前，上疏要朝廷罢免尚在大同的郤永，以防其阻碍安抚赈济。同时要求朝廷拨付钱粮，以供赈济所用，并要求抄录世宗下令安抚大同士兵的圣旨，昭示皇上的好生之德。世宗批准了黄绾的请求，黄绾随即启程前往大同。

到达大同后，黄绾从三方面着手稳定历经战乱后的大同形势，安抚军心民意。

第一，昭告大同军民朝廷的安抚政策，缓解军民的紧张情绪，暗地里抓紧缉拿反叛头目。黄绾到大同后，宣读世宗的圣旨，表示朝廷已经转变政策，不再追究参与兵变的普通军民的罪过。于是大同军民纷纷向他状告刘源清率领的平叛官军屠城抢掠、滥杀无辜的罪行，却很少有人状告叛军。虽然张璁、刘源清等人是黄绾的政敌，黄绾也反对他们的平叛之策，但黄绾深知如果追究官军的罪行，势必会凸显朝廷政策的失误，难以完成世宗交给的缉拿叛军首领的任务。所以黄绾并不追究官军的罪行，而是暗中派人侦查叛军头目的下落，等到做好一切准备后，突然集中抓捕潜逃的叛军头目数十人。其中王福胜等人是大同兵变的元凶，抢劫官府，杀害各级官员及其家庭达六七十家之多，黄绾要求朝廷对王福胜等十四人凌迟处死，张玉等十九人斩首，白奴儿等四十一人流放。朝廷很快批准执行。一时之间，大同人心惶惶，认为黄绾和刘源清一样，都要秋后算账。这时，黄绾召集大同军民，宣读皇上的安抚圣旨，指出朝廷处理此次叛乱的原则是"胁从不问，首恶必惩"，让普通军民不必担心。经过一番安抚，黄绾基本上达到了既惩治首恶，又不激化矛盾的目的。

第二，着力解决叛军与蒙古人勾结的现象，稳定边防。在叛乱期间，蒙古军队趁机劫掠大同周边地区，叛军为抵抗刘源清的征剿，勾结蒙古军队，甚至一度邀请蒙古人进入大同城。这一做法无疑是大同边防巨大隐患，甚至会威胁到北京的安全。事实上，正是这一做法才最终让世宗下定决心取消武力平叛的计划。兵变平息后，朝廷中依旧有许多官员担心叛军中还有人与蒙古人勾结。因此，肃清叛军与蒙古军队的勾结，是黄绾此次安抚大同的工作重心。

很快，黄绾找到解决这一问题的契机。叛军中有一个叫薛源的小头目，他在大同兵变之前因为殴打自己的母亲，被官府抓入监狱。兵变后，薛源逃出监狱，加入叛军。后来他被叛军派往蒙古，作为双方的联络人。平叛后，薛源又从蒙古回到大同，被布政使曹兰抓住，打算继续治他以前犯下的"殴打母亲"之罪。此时，有人游说于曹兰："你把薛源抓起来，大同军民认为官府要秋后算账，又纷纷囤积兵器和粮食，打算再起叛乱。"黄绾知道这事后，召集大同文武官员和满城百姓："朝廷念在你们是明朝百姓，在兵变后让我来大同查清事情的原委，并拨下钱粮赈济你们。朝廷之所以这样做，是因为你们原本没有背叛朝廷之心，却无辜受兵变荼毒。如果朝廷的王法在大同不能实行，殴打母亲、勾结蒙古的薛源都不能按照刑律惩处，那何必让我来调查、赈济呢？我现在就回北京，不调查，也不赈济了。"一时间，大同官吏和百姓十分害怕黄绾回去，纷纷表示绝无再次反叛之心。

不久，又有人绕着圈子给薛源求情，让黄绾以宽大处理为由，让以往逃入蒙古的叛军回来，以免帮助蒙古人南侵。黄绾知道，如果按照这个建议做，不但无法治薛源的罪，而且返回大同的叛军也无法治罪，因为已经许下宽大处理的诺言。这些人留在大同城内，又是一个隐患。于是黄绾说："蒙古人见到明朝人，都想让他们成为奴隶，为蒙古人劳动，因此根本不信任他们，也不会放他们回来。他们在蒙古其实受尽凌辱。蒙古人南下掳掠，原本是有机会就抢，没机会就回去，不会因为他们在就会有大的祸患，他们根本帮不了蒙古人。我如果下令宽大处理，把他们召回来，就不能失信杀他们，他们反而会依仗勾结蒙古人的势力，危害大同的安全。与其这样，不如杀了像薛源这样被我们抓住的通敌之人，让那些跑到蒙古的叛军永远留在蒙古，受蒙古人的奴役吧！"

黄绾的这个决定果然十分有效。当时有不少从蒙古回来的叛军，刚到大同时，十分嚣张，喝令守城士兵为他们做事，稍有迟疑就以武力相威胁。听到黄绾这么说后，个个黯然泪下："官府要治我们的罪，不允许我们留在大同，回蒙古又要受奴役，真是走投无路呀！"后来，黄绾陆续抓捕了一些投靠蒙古人的叛军。驻扎在大同周边的蒙古军队看到黄绾如此行事，纷纷说："明朝派大臣来大同，软硬兼施，稳定了大同形势，恐怕很快要发兵攻打我们，还是尽快离去吧！"于是，大同城外的蒙古军队很快撤退，形势安定下来。

第三，为从根本上解决大同叛军问题，黄绾学习王守仁的做法，在大同设立保甲制度，建立学校，教育军民忠君守义，达到既破"山中贼"，又破"心中贼"的目的。正德十三年，王守仁在江西剿匪期间，深感"破山中贼易，破心中贼难"，在军事剿匪的同时，他还重视政治剿匪和教育剿匪。王守仁建立"十家牌法"的保甲制度，规定：每十家为一牌，每户门前置一小牌，查实造册报官备用。规定每日每人执牌挨户察纠情况，随时报官。如有隐匿者，十家连坐。王守仁还大力恢复明朝的社学制度，在各地广泛建立学校，用儒家经典教育普通百姓的子弟，让他们知道礼义廉耻，了解忠孝节义，以达到从根本上消除反叛之心的目的。黄绾上奏朝廷，要求按照王守仁在江西的做法，在大同设立"十家牌法"，编定保甲制度，令其互相纠察，防御外患。同时创办社学，教育军民子弟，以求万年之安。

第四，赈济大同军民。黄绾上奏朝廷：经过一番战乱，大同及所属城堡粮食匮乏，建议户部拨银数十万两以购买粮食。世宗批复同意户部拨付四万两银子以购买粮食，七万两银子以购买盐，以及其他用途的银子三千三百余两。此外，黄绾还上奏朝廷，大同城内官府完全被毁，其他各处官府、民宅和兵营毁坏严重。大同城北原有囤积草料的城池，但一直未被充分利用。因此，黄绾建议在草料城中重新修建官府。同时为愿意迁出大同城居住的百姓提供土地，让他们在城外自行建房居住。这样既能解决大同城内住房紧张的问题，又能在城外形成新的居民点，以防卫大同。兵部同意黄绾的建议，世宗批准实行。

就在黄绾努力安抚赈济的同时，张璁则在朝廷内极力诋毁他。两人在嘉靖三年至七年的"大礼议"中志同道合，一起支持世宗改定大礼。然而到大同兵变期间，两人由政见不同逐渐发展到互相攻讦。事实上，笔者认为，大同兵变只是黄绾和张璁矛盾公开化的诱因，他们在嘉靖七年"大礼议"结束后就已经矛盾重重。这是因为：其一，支持改定大礼的诸位大臣中，虽然张璁是首脑，但其他人基本上都是王守仁的弟子，如黄绾、方献夫、席书、黄宗明等，大礼议结束后，张璁深感他们作为同门师兄弟，是一个潜在的政治小团体。其二，嘉靖七年，广西少数民族叛乱，朝廷派王守仁前去镇压，此时王守仁疾病缠身，实在不愿意出征，就通过他的弟子黄绾等人向朝廷请求另派他人前往，朝廷不允，最终王守仁病死征战途中。王守仁去世后，张璁建议朝廷剥夺王守仁的新建伯爵位，黄绾等人则极力反对，但最终因张璁权大势大，王守仁的爵位被撤，王学被朝廷宣布为"伪学"，禁止讲学传播。这对王守仁的弟子来说，是一个沉重的打击。其三，"大礼议"结束后，有功之臣大多得到封赏，黄绾则被明升暗降，表面上被封为南京礼部右侍郎，但实际上远离了政治中心长达五年之久。但当时张

128

瓒身居高位，黄绾拿他也没有办法。嘉靖十二年，王学学者夏言担任礼部尚书，成为张璁权势的最大挑战者。夏言力主提拔黄绾为礼部左侍郎，黄绾才重新回到北京。

由于以上三个原因，黄绾到北京以后，与张璁的矛盾日益公开，多次在给友人的书信中不点名地批评张璁。大同兵变发生后，张璁主张武力征剿，绝不姑息，黄绾与夏言结成政治同盟，共同反对张璁。世宗支持张璁，所以张璁提出的几乎每一个建议都得到采纳，张璁的亲信刘源清、郤永两人主持前线军事行动。然而武力镇压久拖不决，蒙古人又趁机南下掳掠，世宗看到形势危急，不得不转变策略，实行安抚之策。黄绾因此得到重用，被派往大同执行安抚政策。张璁虽然极力反对黄绾前往大同，无奈世宗决心已定，张璁也无可奈何。到大同后，黄绾一面安抚赈济大同军民，一面收集刘源清滥杀无辜、贪污钱财的证据。黄绾在给夏言的信中说："刘源清、郤永两人不仅草菅人命，而且贪污受贿，盗窃军粮数额巨大，真是国之大盗。这次即使搭上性命，也要把他们拉下马。"

面对黄绾在大同的所作所为，已经十分被动的张璁开始谋划以退为进之策。他上疏称病请求辞官归乡。世宗下诏安抚，不允许他辞官。张璁再次上疏坚持辞官，又在疏中对当年支持"大礼议"的王守仁的诸位弟子们展开攻击：方献夫在"大礼议"中不敢直言上疏，现在又懦弱无能；霍韬昔日逃避责任，现在又多言奇谈怪论；黄绾以议礼升高位，人多鄙视之，现今多有诡诈之行。尽管张璁极力贬低王守仁的弟子，对黄绾的攻击尤其尖锐，但世宗还是尽力劝张璁留下。世宗说："以前你主张的武力征剿之策原本是正确的，无奈刘源清、郤永两人执行不力，终酿成大祸。今日安抚，乃是不得已而为之。如今内阁正缺堪当大任之人，希望你以大局为重，留下来。"在世宗的百般劝解下，张璁达到了以退为进的目的，不再要求辞官了。

嘉靖十三年八月，黄绾圆满完成安抚大同的任务，回到北京。大同的事情结束了，但朝廷内部论功行赏、论罪处罚才刚刚开始。黄绾根据自己在大同掌握的材料，向朝廷提出最终的解决办法。

第一，建议裁撤宣大总制、提督两职。在兵变期间，朝廷设置了宣大总制、提督两个职位，以全面负责大同前线的军务。最初由刘源清担任宣大总制，郤永担任提督，后来两人被撤，改由张瓒担任宣大总制，张輗任提督，大同兵变已经彻底平息，南下掳掠的蒙古人也已撤走，这两个临时的职位也应当撤销。世宗批准了黄绾的建议。

第二，叙述大同兵变的前因后果。大同兵变起因是总兵李瑾行事不当，王福胜等六七十人杀李瑾反叛。巡抚潘仿很快将叛兵抓获殆尽，叛乱眼看就要平息。然而刘源清、郤永两人到大同后，一方面大肆宣传嘉靖三年处理兵变太过仁慈，扬言除恶务尽，造成人心惶惶；另一方面又诬陷新任大同总兵朱振是叛乱主谋，致使朱振服毒自尽。刘源清和郤永还纵兵烧杀抢掠，大同官员极力劝阻，二人依旧我行我素，甚至向朝廷报告大同城内之人悉数反叛，妄图屠城。这种情况下，全城军民一致反抗官兵，战事僵持不下。蒙古数万军队趁机大举入侵，城内叛军与蒙古人勾结，官军战败。后来朝廷降旨宽大处理，兵变很快平息。这次大同变乱，前后有曹安、千户张钦等一千八百人被杀。遭受掳掠和惊吓走失者上千人，其余被擅自杀害掩埋者不可胜数，毁坏房屋财产粮食等损失以上万计。官府前后捕获和诛杀的乱兵计三百余人。

第三，历数大同兵变中官员的功罪。刘源清、郤永两人是大同兵变的罪魁祸首。两人处事不当，最终使本已平息的兵变酿成大祸。此外，他们两人贪污数额巨大。在大同时，百姓纷纷控诉两人之罪，却没有人告叛军。副总兵赵镇等九十六人，或不救主官，或防御无策，比刘郤二人罪减一等，游击徐淮等五人，罪责再减一等。有功之臣以总督张瓒、巡抚樊继祖、巡抚蓟祐为首，主事楚书、郎中詹仁等人次之，参将叶宗等人再次之。其中巡抚潘仿在叛乱之初处置得当，功劳尤其显著。

虽然张瓒的手下兵科都给事中曹忭等人上疏反对黄绾所奏，认为不能将罪责都推给刘源清和郤永，反叛士兵才是罪魁祸首，但最终世宗下旨：刑部、大理寺等部门依照刑律拟定刘源清、郤永等人之罪，张瓒、樊继祖、蓟祐等人赏银，其他有功之臣各有封赏，黄绾安抚赈济大同有功，升俸禄一级，赏银三十两，彩缎两幅。嘉靖帝下旨封赏后，黄绾上《昭圣功明国是伸大义以示四方疏》，谢世宗的赏赐，反驳曹忭等人。

十月二日，刑部、大理寺等部门根据黄绾勘察结果，拟定了兵变首要分子和有罪之臣的处罚意见。兵变首恶王宝、尚卿两人凌迟处死，张斌等八人斩首，内宝、徐文全等六人已死，尸体枭首示众，他们的财产分给被杀之家，妻子流放。有罪官员宋赟斩首示众，刘宗澜永远戍边，轻犯马鉴等二十七人戍边。革除刘源清、郤永、赵镇等十人的官职，逮捕入京另行治罪，其他九十三人罪行较轻，另外二百多人，另行治罪。兵部对平叛中的有功将领也拟定了奖励措施。世宗批准了上述奏请。直至嘉靖十五年六月，朝廷才最终做出对刘源清、郤永两人的处罚，刘源清贬斥为民，永不叙用，郤永降两级，令立功赎罪。至此，嘉靖朝爆发的第二次大同兵变彻底解决。黄绾因平叛有功，获得了朝廷的嘉奖，湛若水、邹守益等人纷纷写信祝贺。

黄绾在平叛期间，虽然政事繁忙，但依旧抽出时间完成记述王守仁一生事迹的《阳明先生行状》。行状，汉朝称"状"，元代以后称"行状"或"行述"（也谓之"事略"），是叙述死者世系、生平、生卒年月、籍贯、事迹的文章，常由死者门生故吏或亲友撰述，留作撰写墓志或为史官提供立传的依据。嘉靖七年底，王守仁的灵柩运至浙江绍兴老家，其子王正宪、王正亿二人请求黄绾为其父写《行状》，以记述王守仁一生事迹，反驳批评者的谬论。从此之后的六年中，黄绾多次反复修改，最终在嘉靖十三年定稿。《阳明先生行状》记述了王守仁的家世、王守仁早年事迹、学术成就、军功事迹等。《行状》最早记述了王守仁生平事迹，为后来编订《阳明先生年谱》奠定了基础。

嘉靖十四年二月，朝廷举行科举考试，黄绾被任命为江南贡举考试的主考官，这一差事一般由朝廷中有名望的大臣担任，世宗任命黄绾为主考官，说明他十分赏识并认可黄绾的才干，对黄绾而言，这是他一生成就的最高峰。黄绾早年以祖父黄孔昭之功，未经科举而进入仕途。在明朝官员选拔制度中，蒙荫出仕虽然为官宦子弟提供了一个做官的捷径，但在重视科举出身的明代，蒙荫出仕者的地位并不高，在仕途中很难有所作为。整个明代近三百年历史，蒙荫出仕者能官至三品以上者，不过二十余人，其中黄绾未参加过科举却主持进士科考试，真是其中之翘楚。

嘉靖十二年至十三年间，黄绾先是受礼部尚书夏言的提拔，升任礼部左侍郎，进入明朝政治的核心圈子。次年，大同发生兵变，黄绾抓住了这个机会，提出了切实有效的应对策略，并利用这次兵变打击了多年来压制自己的张璁。王守仁一生战功显赫，而他的学生却少有在战场上建功立业者。黄绾虽然称不上驰骋沙场，但他在平定大同兵变过程中却显示出一定的军事才能，且亲临大同负责安抚赈济工作，是王守仁弟子中少有的有军事经历之人。

出使安南与晚年居家

嘉靖十四年三月十七日，黄绾之母鲍氏去世于黄岩，享年八十五岁，朝廷封太淑人。黄绾按照惯例回乡丁母忧。黄绾到家之后，料理母亲的丧事，整修了家族墓地，为诸位先祖撰写碑文，为祖父黄孔昭和父亲撰写《行状》，为老师谢铎迁葬新墓地，尽了晚辈的职分。

嘉靖十八年，黄绾丁忧期满，世宗任命黄绾为礼部尚书。在明代，礼部一向被称为"六部之首"，黄绾由此跻身朝廷权力的核心圈子。

刚当上礼部尚书的黄绾，就卷入解决南方附属国安南动乱中来。安南王国大致相当于今天的越南。从秦朝至北宋开宝年间，中国历代王朝曾在此设置行政机构，直接进行管理。开宝元年（968），安南丁部领统一安南地区，建"大瞿越"国，自封为大胜明皇帝（又称丁先皇帝），建都华闾城。开宝八年，宋太祖赵匡胤册封丁先皇帝为"交趾郡王"，从此中央与安南由中央政权直接管辖演变为宗藩关系。这种宗藩关系的模式，经历与宋、元两朝的冲突与妥协，逐渐得到了较大的发展。朱元璋建立明朝后，在处理与安南关系上，采取了一系列新措施：一是确立了安南作为独立王国的地位，将其与朝鲜、琉球等国家一视同仁，列入"不征之国"；二是确立了以诚信为基础，以四海一家为最高理想的明朝与安南交往的原则。明永乐二年（1404），安南内部发生动乱，要求明朝廷出面帮忙解决，同时，广西上奏安南扰边，这些因素促使明成祖对安南采取强硬的立场。永乐四年，明成祖出兵安南，并对其进行直接管治达二十余年，此间战乱不息，生灵涂炭，也使得明朝国力萎靡。宣德二年（1427），明军的撤离，结束了明朝对安南二十余年的占领。此后双方经过长时间的外交谈判，最终重新恢复了以前的宗藩体制。

明孝宗弘治年间，安南内部再次发生动乱，以至于影响到嘉靖年间的明朝与安南的关系。弘治年间，安南朝廷由于过分信赖外戚，实行暴政，致使朝纲不举，内政混乱。在这样的政治环境下，渔民出身的莫登庸凭借武力逐渐把持了朝廷大权。嘉靖六年（1527），莫登庸迫使朝中大臣草拟禅位诏书，成功篡夺王位，改元明德。然而，前朝旧臣逃亡越南南部，另立朝廷，与莫氏政权抗衡，形成安南的南北朝时期。安南南北对峙，攻伐不断。同时南北双方都曾试图入贡明朝，争取明朝的承认与支持。明朝廷内部经过一番辩论后，逐渐倾向于武力讨伐莫登庸，并着手准备相关事宜。当明朝做好出征准备时，莫氏慑于明朝的威力，尤其害怕受到南北夹攻，被迫向明朝作出妥协的姿态，派使者向明朝请罪。

嘉靖十八年七月，安南使者到达北京。此时，适逢明朝廷册立太子，世宗也想因势招抚，便下令礼部推荐合适人选，前往安南宣读诏书。相关部门四次推荐的人选均不能让世宗满意，最终，刚刚丁忧结束来京的黄绾被提拔为礼部尚书，任命正使，出使安南。

事实上，这次任命对黄绾来说绝非幸事，因为派人出使安南只是朝廷的权宜之计，战争准备正在紧锣密鼓地进行。兵部尚书张瓒等人认为莫登庸狡诈，其言不足信，上疏世宗请依照原议征讨安南，获得了世宗的批准。于是咸宁侯仇鸾挂征夷副将军印、兵部尚书毛伯温参赞军务关防，负责此次征讨事宜。在广西边境，集结官兵十二万五千余人，从东、西、北三个方向准备出兵，同时明军发布通告："有能擒斩莫登庸、莫方瀛父子者，赏银二万两，再奏闻朝廷大加赏赐；有愿以一府归附者，即将此府赠予他，有愿以一州一县归附者，即将此州县赠予他，再各赏银一千两。"由此可见，明朝廷根本没有议和的意愿，派人出使安南完全是缓兵、疑兵之计。因此，朝中大臣都知道此行的风险，没有一个人愿意去。按照常理，应当由礼部尚书出使，但时任礼部尚书的严嵩却不愿意去，刚刚丁忧结束回到北京的黄绾立刻被提拔为礼部尚书。当然，这并不是让他真当礼部尚书，而是要他以礼部尚书之名出使安南。如果黄绾到了安南，明军出击，其后果可想而知。

由于朝廷反复多次才确定下黄绾为出使安南正使，推辞已无可能，黄绾只得上《定庙谟疏》，请求朝廷给予便宜行事的权力：首先，到安南后，如发生异常情况，准许自己酌情处理。其次，令南方各地官员，尤其是领兵将领，听从黄绾的调遣。再次，给自己以关防文书，以便行事。最后，黄绾道出了此行的危险："轻身造彼境内，必受制于彼。"对于黄绾的要求，世宗全部答应。

黄绾无奈，又向世宗提出了新的要求，为其父母请求朝廷的恩赐，且给其父母的恩赐也必须是"礼部尚书"。如果说黄绾仅仅为父母请求恩赐，可以肯定世宗会批准，但黄绾还要求赐给其父母礼部尚书的头衔，这让世宗十分生气，革除黄绾的一切职务，从今以后再不起用，同时下诏停止出使安南。至此，黄绾虽然付出了被革职的代价，但终于摆脱了这一危险差事，回家乡颐养天年。

黄绾归家养老之后的历史资料很少，我们无从得知他归家之后如何度过生命中的最后十五年。但有一件黄绾晚年在家乡欺凌百姓的事值得叙述，这件事在后世虽然隐约有人提及，但或语焉不详，或有所差错。

明晚期东林党人的代表人物高攀龙在其《家谱传》中记载了其祖父高材任黄岩知县时与黄绾交往的事迹。嘉靖二十九年，高材任黄岩县知县，此时黄绾已经回乡养老。高材到任后，听说这位前任礼部尚书家财巨万，依旧欺凌百姓，但又喜欢大讲特讲良知。高材最初以门生之礼事黄绾。然而，黄绾常让家中奴仆在县衙中旁听审判，高材只得在大堂上为其设置座位。后来，高材亲自拜访黄绾。黄绾让高材上座，高材也没有推辞。高材向黄绾请教为官之法，黄绾说："当今学者最大的毛病就是爱好名声，如汉朝时的党人、唐朝时的清流，宋代知识分子大多也是沽名钓誉之辈，真是可悲呀！"黄绾言下之意，是要高材不要做貌似公平而实际是为了博取好名声之举。高材立即反驳黄绾："是不是清流，都要死，既然人终有一死，以清流之名而死，岂不是更好！"黄绾听罢很不高兴。有一天，黄绾的仆人穿着华丽的衣服，不经禀报就闯入县衙。高材看到一个奴才却如此嚣张，十分生气，下令剥去其衣服，并鞭打他。百姓知道高材不畏强权后，纷纷向高材状告黄绾的诸多不法之行，侵夺百姓田产，诉状多达数百封。高材将这些诉状送给黄绾，使得黄绾十分狼狈。黄绾派儿子送珍宝美女至高材的家乡无锡，以贿赂之，被高家拒绝。当然，身为东林党人代表的高攀龙，正是黄绾眼中沽名钓誉的"清流"。高攀龙一生致力于批评王守仁的心学，因此这段记述可能有夸大之处。但无论如何，这件事对我们全面认识黄绾的生平，有一定的价值。

嘉靖三十三年（1554）九月初四，时年七十五岁的黄绾病逝于家乡黄岩。关于黄绾的去世时间，学术界长期以来有很多不同的观点。台湾学者傅怡祯将其归纳为五种说法：其一，生于成化十年，卒于嘉靖二十七年，享年七十五岁。其二，生于成化十三年，卒于嘉靖三十年，享年七十五岁。其三，生于成化十六年，卒于嘉靖三十三年，享年七十五岁。其四，生于成化十七年，卒于嘉靖三十三年，享年七十四岁。其五，生于成化十七年，卒于嘉靖三十四年，享年七十五岁。经过傅怡祯的考证，最终将黄绾的生卒定为生于成化十六年，卒于嘉靖三十三年，享年七十五岁。其实在傅怡祯之前，麦仲贵的《明清儒学家著述生卒年表》已经提出了这一观点，只是没有傅怡祯考证翔实罢了。张红敏撰写的《黄绾生平学术编年》也采用了这一说法。

事实上，黄绾出生之日没有历史记载，但他的七十五岁年龄是确定的，因此只要我们找到黄绾的卒年，其生年自然可计算出来。在傅怡祯总结的五种说法中，其他四种没有文献根据，不知道是如何计算出来的。第二种出自荣肇祖 1940 年发表在《燕京学报》第二十七期上的一篇名为《王守仁的门人黄绾》的论文。荣肇祖在文中指出，嘉靖三十一年，倭寇劫掠黄岩县，当地被焚烧一空，黄绾的著作从此遗失。他根据唯一看到的黄绾著作《明道编》和一些地方志，推算出黄绾"必死在嘉靖三十一年之前。嘉靖二十九年春似乎尚存，三十一年必已死去，故假定他死在嘉靖三十年，以年七十五岁计，他的生年亦可假定为成化十三年"。后世学者多沿用这一说法。然而，荣肇祖在考证黄绾生卒时，没有看到《世宗实录》中记载的黄绾卒于"嘉靖三十三年九月初四"的说法，故依据一些旁证，得出了上述结论，后来的学者不加考证沿袭了这一说法。《实录》是中国古代官修史籍中的重要一种，一般是在皇帝去世后不久，根据皇家档案编订皇帝的政务大事，按年月日记述当朝政治、经济、军事、文化、灾祥等，并依次插入亡殁臣僚的传记。《实录》修成后，皆藏于皇宫内的图书馆，严禁刊印与流传，又由于历代战乱，实录大都毁于兵火。明以前的历朝实录多毁于战火，明、清两朝实录基本保存了下来。《明世宗实录》是在世宗死后次年由严嵩主持编写，而后由张居正主持继续编写的。虽然现在有学者认为，严嵩在编写《明世宗实录》时可能篡改了一些内容，以便文过饰非，但其中对黄绾的记述想必没有篡改的必要吧！《明世宗实录》"嘉靖三十三年九月初四"条中，清楚地记载黄绾卒于当日，并概括黄绾的生平。至此，黄绾生卒确定下来。

嘉靖十八年，黄绾虽然短暂地担任了礼部尚书，但朝廷是为了让他出使安南才有此任命，且此行凶险异常，黄绾想尽办法才推掉这一差事，由此也被罢免了尚书一职，从此回家乡安享晚年，直至嘉靖三十三年去世。

第 5 章

黄绾的思想

思想演变

《论语》中有："生而知之者，上也；学而知之者，次也。"虽然孔子推崇"生而知之者"，认为天生就懂得事理的人最聪明，通过学习而懂的人次一等，但我们知道现实中的任何一位思想家都是"学而知之者"，都需要经过思想的形成、发展和演变的过程。即使是孔子也有这样的过程，他自述："吾十有五而志于学，三十而立，四十而不惑，五十而知天命，六十而耳顺，七十而从心所欲不逾矩。"

明代心学学者十分注重考察一个人的思想演变过程，常常将某人的思想演变归纳为数个变化的过程。例如，湛若水在给好友王守仁写的《阳明先生墓志铭》中，用"五溺"概述王守仁创立心学之前的思想演变过程，即王守仁早年曾经先后沉溺于侠客之行、骑射之习、辞章之学、道教养生、佛教修行五种不正确的学问，到正德元年（1506）三十五岁时，才最终回归孔孟的圣贤之学。在此基础上，黄宗羲在《明儒学案》中进一步概括了王守仁一生的思想演变过程："学三变"和"教三变"。所谓"学三变"，是指王守仁早年经过辞章之学、程朱理学、佛老之学的"三变"，最终转入圣贤之学的过程；所谓"教三变"，是指王守仁转入圣贤之学后，又经历了龙场悟道、静坐、致良知三个思想演变的过程。又如王守仁的江西籍弟子罗洪先，黄宗羲在《明儒学案》将其思想演变划分为早、中、晚三个阶段。早期拜在江西讲学的王守仁为师，致力于知行合一的践履，中期专注于静坐，晚年体悟到"万物一体"的境界。再如黄绾在给好友郑善夫写的《少谷子传》中，用"学凡五变始志于道"来概括郑善夫一生思想的演变。"一变"是郑善夫早年致力于科举以博取功名；"二变"是他由科举转为文学创作；"三变"是他由文学转向仰慕魏晋的风流雅士之行；"四变"是他由风流雅士转为建功立业；"五变"是他由建功立业转为孔孟之道。上述只列举了当时人们概括学者思想演变的部分事例，事实上只要我们检索黄宗羲的《明儒学案》，会发现许多学者思想演变的过程。

至于黄绾的思想演变过程，他晚年自己总结有"三变"：早年学程朱理学，后来学王守仁心学，最后追求《大学》中的"致知"之道。

第一，早年学程朱理学。黄绾幼年寄居在外祖父鲍恩家中，受到了良好的启蒙教育。十二岁时，黄绾拜祖父黄孔昭的至交、著名学者谢铎为师。谢铎在延续宋代以来程朱理学的传统观点的基础上，又反对一味墨守程朱理学而不思发展变化，他极力推崇个体的道德实践，注重个性化的道德修养。随后黄绾承祖父黄孔昭荫，入国子监。根据明朝的教育制度，天下学子日常学习程朱理学，考试以程朱理学为依据。明太祖朱元璋下令，学子应恪守儒家正统，以宋儒，尤其是程朱理学家的传注为准则，否则便为异端邪说，文章虽好亦不录取。并且还提出今后务必以国家颁布的《四书》《五经》《性理》诸书为学习和考试依据，从而以正宗儒学，特别是程朱理学来统一学子的思想，规范和支配其行为。黄绾在国子监读书不久，便不屑于这种依靠祖恩得来的机会，隐居家乡紫霄山中，想通过勤学苦读考中科举。后来因看到宋代张载、王安石等人论"荫袭""世禄"之言，又认为"荫袭"并非坏事，遂放弃科举而追求孔孟之道。由此可见，受当时学术背景影响，黄绾早年跟随鲍恩、谢铎，后又转入国子监，所学均为程朱理学。

第二，由程朱理学逐渐转向王守仁心学。在黄绾早年学习的过程中，他曾向陈献章的爱徒林光请教，接触到明代中期兴起的心学。在王守仁创立心学之前，陈献章初步奠定了心学发展的基本方向。黄绾随吏部任职的父亲黄俌在北京时，认识了陈献章的弟子林光，并拜林光为师，开始接触到心学。正德五年，黄绾在北京任后军都督府都事期间，结识了从贵州龙场归来的王守仁，进而认识了著名学者湛若水。在北京期间，王守仁、湛若水、黄绾三人闲暇时，必探讨学术问题，常常终日饮食起居在一起。后来虽然三人各奔东西，但这段论学的经历使黄绾开始转向心学。正德九年，王守仁与程朱理学的忠实追随者魏校展开学术争论，黄绾虽然是以调停者的身份介入这场争论，但他维护王守仁心学的立场是确定无疑的。在这场争论中，黄绾加深了对王守仁心学的理解。正德十六年六月，王守仁平定江西宁王朱宸濠叛乱后回到家乡绍兴，黄绾立刻前往拜见，并拜王守仁为师，由此成为心学学派的重要成员。

第三，晚年追求《大学》中的"致知"之道。追求《大学》中的"致知"之道，是黄绾自己委婉的说法。事实上，黄绾晚年开始批评在王守仁去世后，他的一些弟子不专心于切实的道德实践、学术流于空疏的倾向。我们知道，明朝实施八股经义取士后，已成为士子博取功名之工具的程朱理学日渐流于虚伪化和教条化。王守仁反对程朱理学烦琐的注解，以及科举所导致的人们对经义的固守妨碍了人们对儒学的真正理解和接受，从而提出了"心即理"和"致良知"的心学论题，把程朱理学所规定的客观外在之"理"变成了人们可以主观之"心"，从而树起了"心"的权威。但在王守仁"心之本体无有不善"和"满街皆圣人"的论断中，实际蕴涵了过度肯定主观能动性，忽视具体的道德修养的可能。到王守仁的弟子王畿那里，他把王守仁之学中的这一倾向充分发挥出来，认为一切"为善去恶"的道德修养都是多余的，只有脱离了既成的典籍、思维之拘束而自然流露的良知，才是真的天理，真的伦理秩序。王畿之后的一些学者更顺着这一思路继续前进，以自然欲望作为人性的本来面目，肯定人的欲望并认定这是人生的重要内容，认为现实日常生活就是至善。这对明末恣情纵欲及虚妄好玄之风的形成和泛滥产生了极大的影响。明朝东林学派的代表人物顾宪成曾严厉批评王学的这一流弊，认为王学已沦为"空""混"之学。所谓"空"，是指王学否定天理；所谓"混"，是指王学取消切实的道德修养。针对这种否定切实的道德实践，使学术流于空疏的倾向，黄绾晚年提出了"艮止"说。这一学说不仅是黄绾的学旨，也包括了他的为学方法和功夫，强调"学与思"并重的学术风格，主张"良知"与"致知"的结合，这是他晚年为纠正王学的弊端而提出来的。

注重学者思想演变的过程，是明代心学学者的一个重要特点。这一方法不仅真实再现了学者思想的形成、发展和演变的动态过程，是符合学术发展规律的研究方法，而且这一方法也符合历史唯物主义，真实再现思想发展的实际过程。事实上，在当今学术研究中，这一动态考察学术思想演变的方法得到了广泛的运用，并取得了公认的学术成果。对黄绾思想演变过程的考察，既是上述研究方法的延续，也为我们全面理解黄绾思想提供了基础。

思 想 结 构

　　明代心学学者研究一个人的思想时，有两个侧重点：一是思想演变，二是思想宗旨。关于思想演变，上文已有论及，兹不赘述。关于思想宗旨，黄宗羲在编纂《明儒学案》时，曾有一段经典的论述：所谓"宗旨"，一是指学者本人所标明的学术宗旨，二是后世学者通过读其书、诵其言，从而了解到某人的学术宗旨。因此，宗旨对于一个思想家以及后人了解某一思想体系来说，是十分关键的。因此，黄宗羲在《明儒学案》中，给每一位学者都概括了学术宗旨。在论及黄绾时，黄宗羲认为，"艮止"是黄绾的学术宗旨。下面就以"艮止"为中心，概述黄绾的思想结构。

　　黄绾的良知论。良知论是王守仁心学的核心概念，但这一概念最早出自《孟子》。《孟子》中有："人之所不学而能者，其良能也；所不虑而知者，其良知也。孩提之童无不知爱其亲者，及其长也，无不知敬其兄也。"孟子的良知良能，是指人的天赋道德观念。他认为，小孩子爱亲敬兄的道德感情，是与生俱来的，不待学习就有的。不仅如此，人的恻隐、羞恶、辞让、是非之心，也是与生俱来的，发挥这"四心"，就可以成仁义礼智四德，这是人之别于禽兽之所在。

　　王守仁发展了孟子的"良知"，将其赋予新的内涵，从而使良知成为其思想的核心。概而言之，王守仁的"良知"有三层含义：

其一，良知存在于人心之中，且能够知善知恶。王守仁不承认良知是外在东西的内化于人心的结果，而是把良知看成人心本就具有的属性。具体说来，良知是人的内在的道德判断和道德评价体系，具有指导、监督、评价、判断的作用。为了说明良知的内在性，王守仁还常说"见在良知"，所谓"见在"，即现在，见在良知就是现在就有的良知，不必通过苦思冥想得来，而是即刻当下的良知。王守仁除了认为良知是内在于人心的，还认为这个内在于人心的良知具有知善知恶的功能。

其二，良知遍在且具有超越性。虽然良知是内在于人心且能够知善恶的，但也许会有人认为良知不是普遍存在的，过去有，但现在的时代不同了，良知就不存在了；中国有，外国人没有中国的文化，也就没有良知。事实上，王守仁还进一步说明了良知的遍在性，即良知是超越时空而存在的。良知是超越万古、宇宙、四海等时空限制的永恒存在的。这如同说，尧舜之心、孔孟之心是永恒的，永远活在当今的世界。从这个意义上说，良知具有遍在性和超越性，是无所不在、永恒存在的。

其三，由于物欲的遮蔽而使良知不能完全展现。根据王守仁对良知的属性的界定，人人心中都内在具有知善知恶的良知，且这个知善知恶的良知是亘古不变的，因此无论是过去、现在还是未来，你、我、他都可能成为圣人。按照王阳明的话说："满街人都是圣人。"虽然每个人的心中都具有知善知恶的良知，但现实社会中依旧存在着大量的不善之人和不善之事。之所以如此，王守仁认为是物欲遮蔽了良知，使得人心中的良知不能展现。

黄绾在正德五年至七年中，通过与王守仁、湛若水的朝夕相处、谈学问道，对王守仁的良知观有了较为深入的理解，并且十分推崇。他曾多次说道：王守仁承续了自孟子以来失传了几乎两千年的圣人之道，其阐发的良知之论，使当世学者如梦方醒。并认为阳明致良知之说，与孟子"扩充四端"和孔子的"克己复礼"一样，都是圣学之法。如王守仁一样，黄绾认为：所谓的良知，乃是天命赋予人心的良心，这个良心原本是至善而不涉及任何私心邪念，也不堕落于任何私意与闻见之中，如果人们能够循良知去做事则一定能成为圣人，但是背离良知就会陷入迷狂之中。在现实社会中，之所以每个人的行为各不相同，有善恶的区别，这是因为每个人的良知都受社会风气和个人欲望的影响，从而产生了有善有恶的行为，但是在本体层面，良知并无不同。由此可见，黄绾的良知论基本上延续了王守仁的说法。

黄绾的"独知"论。虽然黄绾的良知论延续了王守仁的说法，但他对王守仁良知论中的一些未详细说明的问题，做了一定的发挥，"独知"就是其中的代表。"独知"一词出自《大学》中的"慎独"，朱熹解释"慎独"时，特别强调"独"字，认为心灵世界的这一别人不知，只有自己独知的隐微之处，只有着实去用功夫，才能取得道德修养的效果。王守仁也曾论及"独知"，但所言不甚详细。事实上，虽然王守仁未详细阐明"独知"的含义，但它却是心学中一个重要的问题。在心学的良知观中，良知内在于人心且知善知恶，人之所以有善恶的行为，是良知为人欲私意遮蔽而致。这就产生了一个理论问题，即如果良知为人欲私意遮蔽，又是谁主使去人欲存天理，恢复良知的本来面目？如果是良知，则良知已被人欲私意遮蔽，又如何能去人欲存天理？如果是良知以外的东西，比如说天或上帝，这又必然要在良知之外设定一个主宰，从而降低良知的地位，且与良知是知善知恶说相矛盾。

对于王守仁良知观中的这个缺陷，黄绾通过阐发"独知"来解决这个问题。黄绾说："独知"是良知的另外一种说法。之所以说它是"独知"，是因为它是单独个体的良知，所以称之为"独"。强调"独"字，是让人知道良知就是每个个体自己的心体，并非在自己心体之外别有一个良知，如此则不必再于心外寻找良知。黄绾强调"独知"，一方面是因为他认为良知对于每个人来说，都是至善无恶的，但是去除物欲蒙蔽而恢复良知的本来面目，却具有个体性和特殊性。因此，不可泛泛强调一种道德修养功夫；另一方面，当强调每个人的"独知"时，也就说明每个个体必须根据各自情况的不同把功夫落到实处，这一功夫是每个人的功夫，不是别人来做，必须是自己去做。

黄绾的"艮止之学"。"艮止之学"包括两个内容：一是"艮止"，二是"执中"。下面先介绍"艮止"。"艮止"出自《周易》中的艮卦："艮，止也。时止则止，时行则行，动静不失其时，其道光明。艮其止，止其所也。"用现代汉语解释，这句话的意思是说："所谓艮，就是停止。该停止时要停止，该行动时要行动，动和静都不要失去时机，这样才是光明正确的道理。"《周易》之艮卦的思想核心即"止"。用现代哲学来解释，"止"实际上是万物运行中体现的规律。宇宙万物变化发展，各循其则，各得其所，没有丝毫紊乱，都在于万物皆有所止。黄绾十分重视《周易》中的这段话，从三个层面发挥"艮止"之义。

其一，"艮止"是天地万物运行的规律。在他看来，天生万物，各有其止，其动静都有规律，出入都有时机，不是有一个主宰让万物这样，而是自然如此。人的心，与自然界合一，随万物的运行和停止而起伏，无过无不及，这就是把握了止。把握了止，也就是把握了天道的运行规律。

其二，将这种万物运行都有所止的规律贯彻到人世间，就是世间的学问必须知道停止，不知道停止则学问会放荡而无所归依。

其三，人心也要有"艮止"。他认为人心是天地万物的凝聚处，天地万物的原则皆在心中，因此心也要止于天地万物当止之地。知止则能心定，心定则静，静则能安。

与黄绾的"艮止"密切联系的是他对"执中"的解释。"执中"出自《尚书·大禹谟》中的："人心惟危，道心惟微；惟精惟一，允执厥中。"据传，这十六个字是当尧把帝位传给舜以及舜把帝位传给禹的时候的告诫之语，希望继任者不违背其中蕴含的微言大义，因此后世又将其称为"十六字心传"。按照朱熹的解释，"十六字心传"中道心是与出于个人自私目的的人心相对立的，符合伦理纲常之心。人心不符合义理，很难做到大公无私，所以危而不安，道心尽管公正，但难免遭受人心的蒙蔽，难以充分显露出来。王守仁反对朱熹将人心、道心二分的做法，认为心只有一个，得其正则为道心，失其正则为人心。黄绾的"十六字心传"的解释融合了朱熹和王守仁的说法。他认为，"道心惟微"是因为"道心"虽然是人世间一切道德规范的根据，但它并不显现，所以是"惟微"；"人心惟危"是因为人心不知道该停止时要停止，所以常常会危险难测；"惟精惟一"则是要人心专注于艮止之功，该运动时运动，该停止时停止；"允执厥中"则是对这种功夫的概括，即"执中"。由此可见，黄绾对"十六字心传"的解释，既有朱熹将道心和人心分为二的含义，又有王守仁不离人心谈二者关系的倾向。

黄绾关于"格物"之说。《大学》中有"格物致知"。程

朱理学认为天理落实于事事物物之中,因此求得天理的方法是
"格物致知"。"格物"就是接触事物,"格物致知"就是通过
今日认识一物,明日认识一物的方法,最终豁然贯通,认识到
天理。王守仁反对程朱理学对"格物致知"的解释,认为良知
是至善无恶的,人的行为之所以有善有恶是因为人欲蒙蔽了良
知,使良知之善不能彰显,因此"格物"就是"正物"(纠正
物欲),意思是指将蒙蔽良知的物欲去掉。黄绾对这两种"格
物"说都有所批评。他说朱熹的"格物"将穷究万事万物的道
理作为认识天理的根本方法,但是万事万物无穷无尽,哪里能
穷到尽头?因此朱熹之说有支离破碎之嫌;但心学中的某些人
将纠正物欲视为格物功夫的全部,也有空虚放荡,不务实际的
偏差。由此可见,黄绾的格物说有明显的融合理学和心学的
倾向。

概而言之,黄绾思想的基础是王守仁的良知观,但他进一
步阐明王守仁未详细说明的"独知"问题。黄绾思想最具创造
性之处是"艮止之学",这一学说立足于儒家的传统经典《周
易》《尚书》,且注重实际的道德实践,是对心学道德修养实践
的发展。黄绾对"格物"的解释体现出他的思想中融合理学和
心学的倾向。

思想地位

王守仁去世后不久,他的弟子们在学术上分化为众多的派
别。明末清初著名学者黄宗羲在《明儒学案》中,将王守仁之
学按照地域分为浙中王门、江右王门、南中王门、楚中王门、
北方王门及粤闽王门六支,和两个不冠以"王门"的泰州学案

和止修学案，共八派。这其中最重要的当属王守仁家乡所在的浙中王门。黄宗羲在《明儒学案》中，用了五卷篇幅记载了十八位浙江籍弟子的生平和思想。这其中只有黄绾独占了一卷，足见他在王守仁弟子和明代思想史上的地位之显赫。黄宗羲记载的黄绾事迹包括：

第一，纠正王守仁弟子中的流弊。王守仁去世后，他的众多弟子中最具影响力的当属王畿。王畿提倡"见在良知"。"见在"是当时人们的口语，就是与过去和未来相对应的"现在"，"见在良知"也称"现在良知"。概而言之，所谓"见在良知"是指良知是人人本有、人人同具的道德根据，虽愚夫愚妇亦与圣人相同。不仅如此，作为超越道德根据的良知还能在具体的经验世界里自然呈现，无论现实生命如何昏蔽，良知总能当下呈现，表现出超越性的主宰能力。在具体的道德实践上，王畿等人认为良知本身不待修证而成，当人们自觉心中有良知，即与最高境界中之良知相同。事实上，王畿的"见在良知"有两个影响较为严重的后果。首先，"见在良知"会取消具体的道德实践，而流于当下的觉悟。按照"见在良知"的观点，良知虽是世间道德的最终根据，但由于这一根据人人具有，且不需要严格的道德实践，只需要我们当下体悟到心中有此良知，即可以当下成圣成贤。如果是这样，严格的道德实践就没有存在的必要了。其次，"见在良知"与佛教，尤其是禅宗的某些说法相似，有模糊儒释之辨的倾向。"见在"一词原是佛教的专门术语，意指"现今存在之义"，而"现成"一词也是禅宗之语，意指"自然出来，不假造作安排者"，此二者皆是禅宗"作用见性"的说法。泰州学派的王艮等人也有类似于"见在良知"的观点。他们强调良知的自然和乐、当下圆成，这一说法容易导致道德实践上的过度乐观主义，忽略人性中消极负面的因素，以至于荒废具体的道德修养。这种看法在强调良知不由学就可得到上，与王畿的"见在良知"说是一致的。"见在良知"历来被认为是王畿与王艮等泰州学派的共同主张。

为对治王守仁去世后，其弟子中存在的弊端，黄绾有针对性地提出了两个解决方法：首先，他发展了《周易》中的"艮止"说，以此作为提倡切实道德修养的手段。《周易》中有八八六十四卦，而黄绾之所以单单选择其中的艮卦，一方面是因为儒家十分重视的天道在《周易》中有较为系统的体现，所以宋明理学的大师们，从胡瑗、周敦颐到张载、二程再到朱熹、王守仁，都十分注重将《周易》作为自己的理论基础。另一方面，正如前文所言，由于王畿等人主张"良知自然而然，不需要人为强迫"，因此忽略了严谨的道德修养。黄绾强调"艮止"，其中蕴含的该停止时要停止，该行动时要行动，动和静都不要失去时机，无疑有批评土畿等人的观点，强调需要切实的道德修养来约束人的行为。其次，黄绾对佛教禅宗尤其是那些与禅宗有着"剪不断、理还乱"关系的宋明理学中的人物，进行了严厉的批评。在黄绾的著作中，我们随处可见他对禅宗的批评。他认为，当时最大的学术公害是禅宗，倡明学术首先要批最不知艮止的禅宗。禅宗以不思善、不思恶的本来面目为宗旨，而本来面目就是空，无君臣父子夫妇长幼等当止之处。不知艮止就是不知天理，不知天理必然逃避社会道德责任。那些提倡空无虚寂的为学者，都是不知艮止，流于禅宗者。

对于黄绾对王守仁弟子中存在的流弊的批评和纠正，民国时期的学者荣肇祖认为黄绾是第一个起来"不留余地"地反对王守仁心学的人，是明代启蒙思想的最早萌芽，比明末顾炎武、黄宗羲等人还要早。从此之后，一些学者沿袭此说，竞相拔高，以致又把黄绾列为明清之际的"实学"思潮中一个提倡经世致用的启蒙人物。但也有学者认为，黄绾所提出的"艮止"只是针对王畿等人轻视脚踏实地的道德修养功夫的纠偏之举，但围绕"艮止"所阐发的理论并没有超出王守仁心学的范围，只不过他更注重切实的道德修养，更注重对修养功夫和涵养方法的强调。当然，黄绾究竟是明朝启蒙思想的先驱，还是王守仁心学中的纠偏者，在哲学史上还有进一步研究的空间，但可以肯定的是，黄绾的心学思想不仅在当时具有很大的价值，对后世思想的发展也很有启发。

第二，促进王守仁学说的传播。王守仁去世后，其学说一度被官方禁止，但弟子们积极编撰刊刻王守仁的著作，这对王守仁思想的传播，有深远的影响。例如，王守仁的弟子聂豹在任福建巡抚期间，在当地刊刻《传习录》，并用其教育当地学子，以推广王守仁的学说。上文论及，黄绾在南京礼部任职期间，亲自参与《阳明先生文录》的编录工作。他联合欧阳德、钱德洪、黄弘纲等人汇编成《阳明先生存稿》数十卷，为后来编辑《王阳明全集》奠定了基础。嘉靖十五年，黄绾历经六年撰写的记述王守仁一生事迹的《阳明先生行状》终于完成。《阳明先生行状》记述了王守仁的家世、早年事迹、学术成就、军功事迹等。《行状》最早记述了王守仁生平事迹，为后来编订《阳明先生年谱》奠定了基础。黄绾的上述工作，对促进王守仁学说的传播，做出了巨大的贡献。

第三，推动了心学向经世致用方向的发展。提及明朝的灭亡，人们总是会想起清代学者颜元（1635~1704，字易直，号习斋，河北博野县人）在《存学编》里的批评："无事袖手谈心性，临危一死报君王。"的确，王守仁之学盛行的正德、嘉靖、万历三朝正是明朝多灾多难之时，内部各种矛盾日益激化,外部的军事入侵接连不断,但此时的王守仁之学大力提倡以心性修养为根本内容的道德之学,而不关注社会现实的需要,对内不能安邦济世,对外不能抵御外辱,所以清初学者大多将王学视为空疏之学。事实上,黄绾是王守仁子弟中致力于推动心学向经世致用方向发展的代表。黄绾在刑狱、治理黄河、大同兵变等明朝嘉靖年间的重大事务中,都发挥了重要作用,其所作所为说明了心学不仅专注于道德教化,而且心学学者同样具有经世致用的品格。

第四,维护了王守仁家族的利益,同时促进了心学团体的稳定。王守仁去世后,王家面临着内忧外患。所谓内忧,是指家族内部的纷争;所谓外患,是指朝廷剥夺了王守仁的爵位,并禁止传播王守仁的思想。在王家面临的诸多难题中,王守仁唯一的亲生子王正亿的抚养教育是至关重要者。就在这时,黄绾毅然将女儿许配给正亿,并把正亿带在身边,承担起正亿的全部抚养重任。从此以后,黄绾尽心尽力地培养教育正亿,不仅妥善处理了王家的财产问题,而且时刻将正亿带在身边,嘉靖十八年辞官归家后,又将正亿带回黄岩。嘉靖二十八年,王畿还亲自前往黄岩拜访黄绾,并探视正亿。可以说,围绕着王正亿的抚养问题,王守仁的主要弟子,黄宗明、薛侃、王艮、王畿、钱德洪、欧阳德、黄绾、王臣等形成了一个十分具有凝聚力的团体,这对于维护王守仁去世后心学团体的稳定,具有十分重要的价值。

附　录

年　谱

1480 年（明成化十六年）　生于江西台州府黄岩县（今浙江台州市黄岩区）。

1491 年（弘治四年）　十三岁时承祖父黄孔昭荫，入国子监。

1498 年（弘治十一年）　放弃科举，立志圣贤之学。

1506 年（正德二年）　写作《上西涯先生论时务书》，针砭时弊。

1510 年（正德五年）　授后军都督府都事，在京与王守仁、湛若水相识。

1512 年（正德七年）　后军都督府都事期满回乡，与王守仁相别。途经常州浒墅关时，与郑善夫相识。

1517 年（正德十二年）　在家乡接待来访的郑善夫。

1521 年（正德十六年）　拜王守仁为师。

1522 年（嘉靖元年）　再次出仕，任南京都察院经历，次年上任。

1524 年（嘉靖三年）　"大礼议"再起，黄绾三次上疏，力主改定大礼。同年八月，黄绾将自己在"大礼议"期间所有言论，汇编为《知罪录》三卷。

1526 年（嘉靖五年）　升南京工部营缮司员外郎。

1527 年（嘉靖六年）　参与编纂《大礼全书》（后称《明伦大典》）。同年上《明军功以励忠勤疏》，为王守仁鸣冤。

1528 年（嘉靖七年）　《明伦大典》编纂完成，升詹事府詹事。同年升南京礼部右侍郎。

1529 年（嘉靖八年）　上《明是非定赏罚疏》，为去世的王守仁辩护。

1532 年（嘉靖十一年）　将女儿黄姆许配给王守仁之子王正亿，并将王正亿带在身边抚养教育。

1533 年（嘉靖十二年）　升礼部左侍郎。同年与张璁就解决大同兵变方法发生争论。

1534 年（嘉靖十三年）　赴大同抚赈兵变善后事宜。同年完成《阳明先生行状》。

1535 年（嘉靖十四年）　回家乡，丁母忧。

1539 年（嘉靖十八年）　升礼部尚书。同年因出使安南事，得罪世宗，罢官回乡。

1554 年（嘉靖三十三年）　九月四日，病逝于黄岩。终年七十五岁。

主要著作

（一）遗失著作
《四书原古》《庙制考议》《石龙奏议》《困蒙稿》等。

（二）现存著作

1.《石龙集》二十八卷，现存版本为明世宗嘉靖十二年南京,部尚书王廷相序本。

2.《久庵先生文选》十六卷，现存版本为明神宗万历十三年刊本。

3.《明道编》十二卷，今存六卷。现存版本为明嘉靖原刻本，1959 年 9 月，刘厚祜、张岂之句该本标点并由中华书局出版。

4.《知罪录》，上海图书馆古籍善本室藏有明嘉靖年间黄绾自序刻本一册（残卷）。